EM BUSCA DA ÁGUA

um guia para passar da escassez à sustentabilidade

EM BUSCA DA ÁGUA

um guia para passar da escassez à sustentabilidade

Brian Richter

tradução | Maria Beatriz de Medina

Copyright original © 2014 Brian Richter
Copyright da tradução em português © 2015 Oficina de Textos

Grafia atualizada conforme o Acordo Ortográfico da Língua
Portuguesa de 1990, em vigor no Brasil desde 2009.

CONSELHO EDITORIAL   Cylon Gonçalves da Silva; Doris C. C. K. Kowaltowski;
José Galizia Tundisi; Luis Enrique Sánchez; Paulo Helene;
Rozely Ferreira dos Santos; Teresa Gallotti Florenzano

CAPA E PROJETO GRÁFICO Malu Vallim
DIAGRAMAÇÃO E PREPARAÇÃO DE FIGURAS Alexandre Babadobulos
PREPARAÇÃO DE TEXTOS Hélio Hideki Iraha
REVISÃO DE TEXTOS Marcelo Matos
TRADUÇÃO Maria Beatriz de Medina
IMPRESSÃO E ACABAMENTO Vida & Consciência

Dados Internacionais de Catalogação na Publicação (CIP)
(Câmara Brasileira do Livro, SP, Brasil)

Richter, Brian D.
 Em busca da água : um guia para passar da escassez à sustentabilidade /
Brian Richter ; tradução de Maria Beatriz de Medina.
São Paulo : Oficina de Textos, 2015.

 Título original: Chasing water
 Bibliografia.
 ISBN 978-85-7975-192-9

 1. Abastecimento de água - Cooperação internacional 2. Abastecimento
de água - Política e governo 3. Água e desenvolvimento de recursos -
Cooperação internacional 4. Água e desenvolvimento de recursos - Política
e governo I. Título.

15-06003   CDD-333.91

Índices para catálogo sistemático:
 1. Água : Recursos : Desenvolvimento :
    Cooperação internacional : Economia 333.91

Financial support for translation from the English provided
by Spyros N. Niarchos and by The Coca-Cola Company.

O apoio financeiro para a tradução do inglês foi proporcionado
por Spyros N. Niarchos e por The Coca-Cola Company.

Todos os direitos reservados à Editora **Oficina de Textos**
Rua Cubatão, 959
CEP 04013-043   São Paulo SP
tel. (11) 3085-7933   (11) 3083-0849
www.ofitexto.com.br   atend@ofitexto.com.br

elogios a *Em busca da água*

"Com clareza e visão, Brian Richter escreveu a cartilha perfeita sobre escassez de água: o que é, onde existe e o que fazer. Será de imenso valor para estudantes, professores, planejadores e todos os interessados em criar um futuro hídrico mais seguro."

Sandra Postel, freshwater fellow (membro-pesquisador de água doce) da National Geographic Society

"Richter transforma a complexa dinâmica global da crescente escassez de água numa narrativa pessoal eloquente que explica os desafios e apresenta ferramentas práticas para enfrentá-los. Com soluções objetivas que se aplicam tanto ao sudoeste dos Estados Unidos quanto à África subsaariana, Richter dá autonomia aos leitores e inspira a agir. Este livro será proveitoso para leitores de muitas origens, e me incluo entre eles."

Michael McClain, professor do Unesco-IHE – Instituto de Educação Hídrica, Delft, Países Baixos

"*Em busca da água* é a visão convincente e esperançosa da obtenção de sustentabilidade hídrica, tanto para seres humanos quanto para ecossistemas aquáticos, de um especialista global em políticas de água doce e ciência da conservação. Os princípios de sustentabilidade de Richter e os estudos de caso que ilustram a governança hídrica democrática nos inspiram a buscar soluções coletivas para desafios aparentemente insuperáveis da gestão da água."

LeRoy Poff, professor de Biologia da Universidade do Estado do Colorado

"*Em busca da água* é leitura obrigatória para todos os entusiastas dos rios e para quem busca soluções práticas. Extremamente legível e sedutor, este livro despertará seus sentidos, provocará um pensamento profundo sobre nossas escolhas e lhe dará ferramentas para esculpir um futuro mais sustentável. Não perca!"

Nicole Silk, presidente da River Network

Para Walt e Ann, que me mostraram o mundo e me estimularam a fazer diferença nele.

Para Martha, cujo amor me mantém no rumo.

E para Henry, que herdará o mundo que criarmos.

Nasci num ano de seca. Naquele verão, minha mãe esperou dentro de casa, encerrada no sol e no vento seco incessante, pela volta dos homens à noite, trazendo água de uma fonte distante. Veios de folhas secaram, raízes encolheram. E durante toda a minha vida temi o retorno daquele ano, certo de que ele ainda está em algum lugar, como a alma de um inimigo morto. O medo de pó na boca está sempre comigo, e sou o marido fiel da chuva. Amo a água de poços e fontes e o gosto de telhado na água das cisternas. Sou um homem seco cuja sede é louvor às nuvens e cuja mente é quase um copo. Meu prazer mais doce é despertar à noite depois de dias de calor seco, ouvindo a chuva.

Wendell Berry, poema "Água", em *Farming: a handbook*

agradecimentos

MUITOS AMIGOS E COLEGAS ajudaram a escrever e produzir este livro, e sou muito grato a todos eles. Quero agradecer especialmente a Bill Ginn e The Nature Conservancy por me concederem algum tempo longe de meus deveres profissionais regulares para trabalhar neste livro, e a minha esposa Martha e meu filho Henry pela paciência e compreensão enquanto eu era consumido pela escrita.

Toda a equipe da Island Press foi maravilhosamente prestativa. Eles reconheceram imediatamente o potencial do livro de informar pessoas do mundo inteiro sobre as questões e soluções da escassez de água. Agradeço especialmente a Barbara Dean, da Island Press, e a Martha Hodgkins pelas criteriosas sugestões de revisão.

Marcia Rackstraw criou as ilustrações do livro e Emily Powell produziu os mapas. Muito obrigado pelas ideias e abordagens maravilhosamente criativas.

Sou para sempre grato a David Harrison pela mentoria e por me ajudar a ver os balanços hídricos como base essencial para qualquer solução de problemas ligados à água.

O livro foi revisto no todo ou em parte por muita gente. Stuart Orr e Tony Maas deram bons conselhos sobre questões de governança hídrica. Brad Udall me ajudou a entender os detalhes do Pacto do Rio Colorado. Emily Powell deu sugestões excelentes e fez pesquisas jurídicas para reforçar o livro como um todo, assim como K. J. Joy, John Kinch, Madeline Kiser, Cindy Loeffler, Jamie Pittock, Jessica Gephart e Melissa Duvall.

Muitos australianos abriram-me a casa e a mente enquanto eu reunia informações para o capítulo sobre a bacia Murray-Darling. Jamie Pittock foi anfitrião, guia turístico e intérprete político capaz e generoso. John Conallin dividiu comigo valiosos pontos de vista sobre agricultores e comunidades rurais e organizou uma pescaria memorável no rio Edward com Ian Fisher.

Aprendi muito nas entrevistas com Perin Davey, Mary Harwood, David Papps, Howard Jones, Deb Nias, David Leslie, Digby Jacobs, Barry Hart, Peter Draper, Louise e Andrew Burge e Elizabeth Stott. Joy e Stewart Scott me hospedaram bondosamente em minhas viagens, assim como Howard e Jill Jones, John e Jemmah Conallin e Jamie Pittock e Cath Webb. Francis Chiew, Andy Close, Geoff Podger e Tom Rooney me passaram dados úteis sobre o rio.

Tanto Richard Fox quanto Stuart Orr me deram entrevistas e informações para o texto sobre o lago Naivasha, no Quênia. A história do sistema dos rios Guadalupe e San Antonio e do processo de planejamento regional no Texas obteve ricas informações das entrevistas com Cindy Loeffler, Robert Mace, Carolyn Britton, Con Mims, Ryan Smith, Laura Huffman, Chloe Lieberknecht e Kirk Winemiller.

Por último, mas não menos importante: muitíssimo obrigado a Lindsay Boring e Denise McWhorter, do Jones Ecological Research Center, por me oferecerem um refúgio confortável para escrever em meio à natureza do sul da Geórgia, ao Dr. Mohit Nanda, por consertar minha retina descolada para que eu pudesse enxergar o caminho até o fim deste projeto, e aos baristas do café Mudhouse, em Crozet, que me mantiveram bem cafeinado e produtivo.

Além da ajuda recebida dos já mencionados, tive a sorte de obter várias fontes utilíssimas de gráficos e outras informações:

Fig. 1.1 (mapa da bacia hidrográfica do rio Colorado) – as camadas do mapa foram fornecidas por: National Oceanographic and Atmospheric Administration (NOAA) (arquivos *shapefile*: Basins of the Colorado Basin, U. S. Cities, Rivers of Colorado Basin); Esri (arquivos *shapefile*: World Countries, U. S. States); DIVA GIS (arquivo *shapefile*: EUA Inland Waters); National Atlas (arquivos *shapefile*: Streams and Waterbodies, Dams); e University of Arizona Institutional Repository (UAiR) (arquivo *shapefile*: Central Arizona Project).

Fig. 2.5 (balanço hídrico da bacia hidrográfica do rio Colorado) – os dados usados nesse diagrama são de Kenny et al. (2009) e de USBR (2012) e relatórios técnicos associados.

Fig. 2.6 (mudanças no nível de água do aquífero de Ogallala) – os dados usados nesse mapa são de McGuire (2013). A camada do mapa dos Estados americanos é de Esri.

Fig. 3.2 (hidrografia do rio Santiago, no México) – os dados são de Hoekstra e Mekonnen (2011).

Fig. 7.1 (mapa da bacia Murray-Darling, na Austrália) – as camadas do mapa foram fornecidas por Global Runoff Data Centre, na Alemanha, e

Commonwealth of Australia, Department of Sustainability, Environment, Water, Population and Communities.

Quadro 1.1 (fontes de água doce mais desgastadas do mundo) – essa lista se baseia em resultados do modelo WaterGAP, desenvolvido na Universidade de Kassel, na Alemanha, em Hoekstra e Mekonnen (2011) e em Gleeson et al. (2012).

Tab. 2.1 (retiradas de água e uso consuntivo) – as estimativas de retirada incluídas nessa tabela se baseiam em Kenny et al. (2009). Os dados foram atualizados com estimativas de retirada por termelétricas e irrigação de Schaible e Aillery (2012), Shiklomanov (2000), Vorosmarty e Sahagian (2000) e Mekonnen e Hoekstra (2011). As estimativas de uso consuntivo nos Estados Unidos são de Epri (2013).

apresentação

A CRISE HÍDRICA que atinge atualmente o planeta Terra possui múltiplas dimensões, resultando em secas no Sudeste do Brasil, queda de 40% na produção de grãos na América Central e perdas na produção de alimentos no oeste dos Estados Unidos. Com a diminuição dos estoques de águas superficiais, armazenadas nos rios, lagos e represas, o uso de águas subterrâneas foi ampliado, atingindo as reservas de aquíferos e diminuindo seus estoques disponíveis. Águas superficiais e subterrâneas são parte de um sistema conjunto e articulado que envolve os três componentes da água no planeta: atmosfera, superfície e reservas subterrâneas. As respostas das reservas de águas superficiais e subterrâneas às variações do ciclo hidrológico (precipitações e secas intensas) são decorrentes desses padrões estacionais e espaciais variáveis do ciclo.

Este volume aborda todas essas questões, desde a preocupação com a escassez até as avaliações para determinar o balanço hídrico. Depois de exemplos muito bem caracterizados, como o do rio Colorado e o do aquífero de Ogallala, o autor refere-se à herança dissipada, ou seja, como se chegou ao ponto atual de desequilíbrios e secas persistentes, que aumentam a vulnerabilidade das populações humanas, diminuem o acesso à água e põem em risco a segurança hídrica. Segurança hídrica da qual dependem não só as populações humanas, mas os ecossistemas e o funcionamento de toda a biosfera.

As opções para resolver a escassez vão desde o papel dos governos na alocação da água e as suas variações locais, regionais e continentais até a participação do povo, com exemplos do Estado do Texas e de países como o Quênia.

Finalmente, o autor apresenta um estudo de caso da bacia Murray-Darling, na Austrália, e todo o conjunto de múltiplas complexidades relativas à água é discutido, inclusive os cenários proporcionados pelo plano de sustentabilidade, em que muitos desempenhos extraordinários são apontados: limites ao uso consuntivo de água, alocação de volumes específicos para cada usuário, investimento no potencial máximo de conservação da água, permissão para o comércio dos direitos do uso da água, subsídios à redução do consumo e ajustes ao longo do tempo para melhorar a sustentabilidade.

O livro aborda questões fundamentais e importantes sobre a crise hídrica, mas como elas se coadunam com a crise em curso no Brasil? Há seca no Sudeste e enchentes no Amazonas e no Sul, mostrando desequilíbrios imensos que afetam a economia, a saúde pública, o transporte hidroviário e a produção de alimentos. Ao mesmo tempo, a contaminação dos rios, lagos e represas devido à falta de tratamento de esgotos é uma realidade no país (apenas 30% das águas de esgoto são tratadas!). Pode-se considerar o rio São Francisco como o equivalente nacional ao rio Colorado, enquanto o aquífero Ogallala corresponde ao aquífero Guarani, altamente explorado e com início preocupante de contaminação.

Os conceitos, exemplos e inovações apresentados neste volume têm importância em nosso contexto na medida em que as questões referentes à disponibilidade, às demandas, à qualidade das águas, à escassez e à governança estão presentes no dia a dia dos governantes, da população e dos usuários em geral.

Ao finalizar, o autor expressa uma opinião com a qual concordo plenamente: "Embora eu seja otimista quanto ao imenso potencial de melhora do uso de água e da gestão hídrica, [...] preocupa-me que essas melhoras estejam acontecendo muitíssimo devagar". Essa é uma realidade preocupante. Segundo dados da Unesco de 2014, ainda há 768 milhões de pessoas sem acesso à água no planeta. Além disso, ainda existem 2,5 milhões de pessoas sem saneamento básico, em grande parte por causa da ausência ou falência de planos e ações para tratar esgotos e melhorar a qualidade das águas e dos serviços de saneamento. A questão que se coloca é a seguinte: no atual ritmo, haverá tempo para resolver os problemas ou chegaremos a um ponto de não retorno quanto à sustentabilidade?

O autor procura responder a essas questões com prioridade e elegância. Boa leitura!

Prof. José Galizia Tundisi
Instituto Internacional de Ecologia
Universidade Feevale, Novo Hamburgo (RS)

prefácio à edição brasileira

O Brasil está em busca da água

São Paulo está ficando sem água enquanto escrevo isto, em março de 2015.

A crise hídrica da cidade, assim como crises semelhantes que se desenrolam em muitas outras cidades do Brasil, como no Rio de Janeiro, vem recebendo muita atenção da mídia. Os noticiários mostram moradores de casas e apartamentos enchendo seu lar de baldes d'água freneticamente sempre que as torneiras – muitas das quais só têm água alguns dias por semana – voltam a funcionar. Os habitantes logo se exasperam com a incapacidade de tomar um banho, dar a descarga ou mesmo beber um copo de água potável, e acumulam, com desespero, toda água em que conseguem pôr as mãos.

Os brasileiros estão aturdidos com a percepção de que seu conforto mais básico pode sumir tão depressa e de que, num instante, seu estilo de vida pode se transformar numa situação que, segundo pensavam, só os mais pobres entre os pobres do mundo teriam de suportar. E estão chegando à dolorosa consciência da importância da água na vida cotidiana.

Muitos que podem se dar a esse luxo abrem secretamente poços ilegais que chegam ao lençol freático, oculto sob a superfície da Terra. Em prédios de apartamentos, houve brigas entre vizinhos e discussões sobre quem gasta mais água e sobre como dividir o gasto com caminhões-pipa, que aproveitaram a crise para cobrar preços exorbitantes. Milhares foram para as ruas reclamar da distribuição de água na cidade, considerada socialmente desigual; eles acusam os gestores de mandar água aos amigos ou aos bairros ricos e cortar o abastecimento do resto.

Essas reportagens apocalípticas chamaram a atenção do mundo porque, para muitos, parecem um presságio, uma prévia do que está por vir. Como uma cidade dos *trópicos*, com mais de

20 milhões de pessoas em risco, poderia ficar sem água? Se a falta d'água acontece ali, onde a precipitação média anual é de 1.455 mm, será possível assegurar a oferta hídrica em algum lugar do mundo?

Quase todos atribuem a situação calamitosa de São Paulo à seca. Afinal de contas, é a pior que atinge a cidade e seu sistema de abastecimento de água nos últimos 80 anos. Não surpreende que muitos temam que a mudança climática torne secas semelhantes mais frequentes, talvez a ponto de virarem o "novo normal" – e esse espectro fez muitos fugirem da cidade.

Essas pessoas podem fugir, mas talvez não consigam se esconder. O clima e as mudanças que ele vem sofrendo afetam todos nós. Neste livro, você encontrará minha história do rio Colorado, no Oeste americano, um dos muitos lugares da Terra onde os climatologistas preveem um futuro mais seco, com talvez 20% a 30% menos precipitação nas próximas décadas. É provável que até lugares previstos para continuarem iguais em termos de precipitação média anual sofram mudanças quanto ao modo e momento em que a chuva e a neve chegam.

Para muitos, é de esperar que as tempestades se tornem mais intensas, com períodos mais longos de seca entre elas. Essas projeções de mudanças, que agora talvez pareçam inconsequentes, podem nos surpreender: nossos reservatórios de abastecimento de água, como os de São Paulo, foram projetados com base no clima do ano anterior, não no que estamos enfrentando. Talvez eles não sejam suficientes para captar o degelo ou a chuva que vem em dilúvios e talvez não guardem água suficiente para nos abastecer nos períodos de seca mais longos entre as chuvas. Os reservatórios de São Paulo, com apenas 10% de sua capacidade no momento atual, prenunciam o risco da mudança climática.

Alguns cientistas dizem que a crise atual que aflige São Paulo é artificial, provocada pelo desmatamento da Amazônia. Popularmente chamada de pulmão do planeta, a Floresta Amazônica é reconhecida hoje como uma grande "bomba d'água" que lança, com a água evaporada e transpirada pelas árvores, um volume gigantesco de umidade na atmosfera, onde pode ser transportada pelos ventos dominantes. Essa umidade forma um rio aéreo, expressão cunhada pelo meteorologista José Marengo, que se desloca pelo Brasil. Marengo e outros cientistas dizem que o desmatamento está reduzindo o volume e o fluxo desse rio aéreo e fazendo com que chova menos em lugares como São Paulo.

Outros cientistas ressaltam que os rios aéreos que passam sobre o Brasil também são alimentados pela evaporação da superfície do Oceano Atlântico e até pela evaporação das florestas do Congo, transportada até o Brasil pelos ventos equatoriais.

A água nos interliga – a nós, população humana global – de uma maneira que poucas décadas atrás não imaginaríamos e que sem dúvida ainda não entendemos direito. Quantos de nós sabíamos que o que acontece às florestas do centro da África poderia mudar a oferta de água numa cidade localizada a um oceano de distância?

Mas a seca, que faz chover muito menos numa área, é apenas metade da história por trás de uma crise hídrica. A outra parte importantíssima da história é o que exigimos da chuva.

Como detalhado neste livro, o uso global de água pela humanidade sextuplicou no último século, e a maior parte dessa água foi para a agricultura irrigada. Quando terminar a leitura, você entenderá que, como numa conta bancária, não se pode gastar mais do que se deposita sem abrir falência. Com um saldo restante de apenas 10% nos reservatórios e um nível de gasto que excedeu os depósitos da chuva, São Paulo está à beira da falência hídrica. Até um lugar como esse, que normalmente recebe em sua conta generosos depósitos de chuva, pode enfrentar dificuldades rapidamente caso não consiga restringir o consumo de água dentro dos limites da natureza.

Este livro também destaca as opções disponíveis para cidades como São Paulo e Rio de Janeiro e para comunidades como as do Central Valley da Califórnia, que hoje enfrentam grande redução da oferta de água devido à seca, em seus esforços para reequilibrar as contas de água e criar um futuro hídrico mais sustentável.

Aqui não se pode exagerar a importância da conservação de água. Todo esforço significativo para economizá-la terá de ser encabeçado pelos gestores hídricos da cidade. Mais de 30% da água potável de São Paulo se perde com furtos ou vazamentos da rede de distribuição, e somente esses gestores têm capacidade ou autoridade para encontrar e reparar esses vazamentos ou deter os ladrões de água.

Mas boa parte do esforço para reduzir o desequilíbrio de oferta e demanda da cidade tem de vir de mudanças comportamentais e outras providências tomadas pelos moradores. O atual racionamento hídrico obrigou-os a pensar na quantidade de água que usam e considerar até que ponto esse uso é essencial. Espera-se que o conhecimento obtido gere novas maneiras de usar e cuidar da água que possam assegurar o futuro hídrico da cidade em tempos bons e ruins.

Como discuto no último capítulo, há boas razões para otimismo em São Paulo e em outras regiões do mundo com dificuldades hídricas. Com essa crise, vieram queixas abundantes sobre gerenciamento hídrico impróprio ou insuficiente, e com razão. É responsabilidade de nossos gestores hídricos evitar a falência lendo continuamente os sinais de crescimento populacional, aumento da necessidade de água e indicadores ou modelos de mudança climática para implementar medidas que impeçam que o gasto seja maior do que os depósitos.

No Cap. 4, indico muitas razões para os gestores da água não conseguirem ou não quererem gerir a sustentabilidade hídrica em nosso nome. Mas a boa notícia é que hoje os gestores hídricos de São Paulo sabem que têm de abordar a possibilidade de redução da oferta no futuro e também têm de tomar providências muito mais cedo, insistindo para os usuários reduzirem o consumo de água quando acreditarem que um período mais seco está para começar.

Em resposta ao coro de queixas, os gestores hídricos de São Paulo já começaram a implementar uma das providências mais importantes destacadas neste livro: estão convidando representantes dos cidadãos para a mesa do planejamento hídrico. Em todo o mundo, esses círculos de planejamento e tomada de decisões foram demasiadamente isolados, centralizados e tecnocráticos. Talvez apenas alguns cidadãos tenham a especialização técnica ou o conhecimento hídrico necessário para gerir um sistema de abastecimento de água para 20 milhões de pessoas, mas muitos desses 20 milhões têm ideias valiosas sobre questões fundamentais, como a melhor estratégia para os vizinhos passarem a poupar água ou quanto a comunidade se disporia a pagar por novos investimentos em infraestrutura.

Este livro foi escrito para os que desejam conduzir sua comunidade a um futuro hídrico mais seguro e sustentável. E agora, com esta tradução para o português, está escrito num idioma que os 20 milhões de habitantes de São Paulo e outros 170 milhões de lusófonos do mundo inteiro entendem.

Brian Richter
Abril de 2015

sumário

1 Estamos ficando sem água 27
    1.1   Uma vida de preocupação com a água 33
    1.2   A escassez de água no mundo 34
    1.3   A dor da escassez de água 39
    1.4   Aprender com o passado para construir um futuro hídrico melhor 42

2 Como avaliar o balanço hídrico 43
    2.1   Gestão da conta de água 44
    2.2   O vocabulário do balanço hídrico 46
    2.3   O rio Colorado: sobreaproveitado e seco 51
    2.4   O aquífero de Ogallala: o estouro do balanço subterrâneo 54
    2.5   Cuidado com as médias 56
    2.6   Planejamento do futuro hídrico seguro 57
    2.7   A herança dissipada 57

3 Opções para resolver a falência hídrica 59
    3.1   Aumentar a oferta ou reduzir a demanda? 61
    3.2   A caixa de ferramentas hídricas 61
    3.3   Aplicação da caixa de ferramentas na bacia do rio Colorado 73
    3.4   Como dominar a caixa de ferramentas 73

4 Quem é responsável pela água? 77
    4.1   O papel dos governos na alocação da água 79
    4.2   Diversas abordagens de alocação da água 82

4.3 O que deu errado? 83
 4.4 O que fazer para melhorar
     a governança hídrica? 89
 4.5 A água é responsabilidade de todos 89

5 **Sete princípios de sustentabilidade** 95
 5.1 Um arcabouço de gestão hídrica 96
 5.2 Prepare-se para mudar 114

6 **Como dar poder ao povo** 117
 6.1 Pôr as pessoas no centro 119
 6.2 Texas: um casamento arranjado
     de interessados na água 121
 6.3 Quênia: fortalecer a governança
     com parcerias público-privadas 129
 6.4 Com o poder vem a responsabilidade 135

7 **Como sobreviver à crise hídrica:
 a bacia Murray-Darling,
 na Austrália** 137
 7.1 Viver na incerteza 139
 7.2 O surgimento da agricultura irrigada 140
 7.3 Estabelecimento de regras
     para a alocação de água 142
 7.4 A natureza forçada a ponto de romper 144
 7.5 Um teto ao consumo de água 145
 7.6 Mais produção por gota 147
 7.7 Financiamento do governo
     para a recompra de água 148
 7.8 Mas aí parou de chover 149
 7.9 A mão pesada do governo 151
 7.10 Esboço do plano da bacia 152
 7.11 Devagar, o pó assenta 154
 7.12 Olhar para trás e entender
     o que se aprendeu 156

8 Em busca da esperança 161

Referências bibliográficas 171

Índice remissivo 177

Sobre o autor 189

Lugares discutidos neste livro

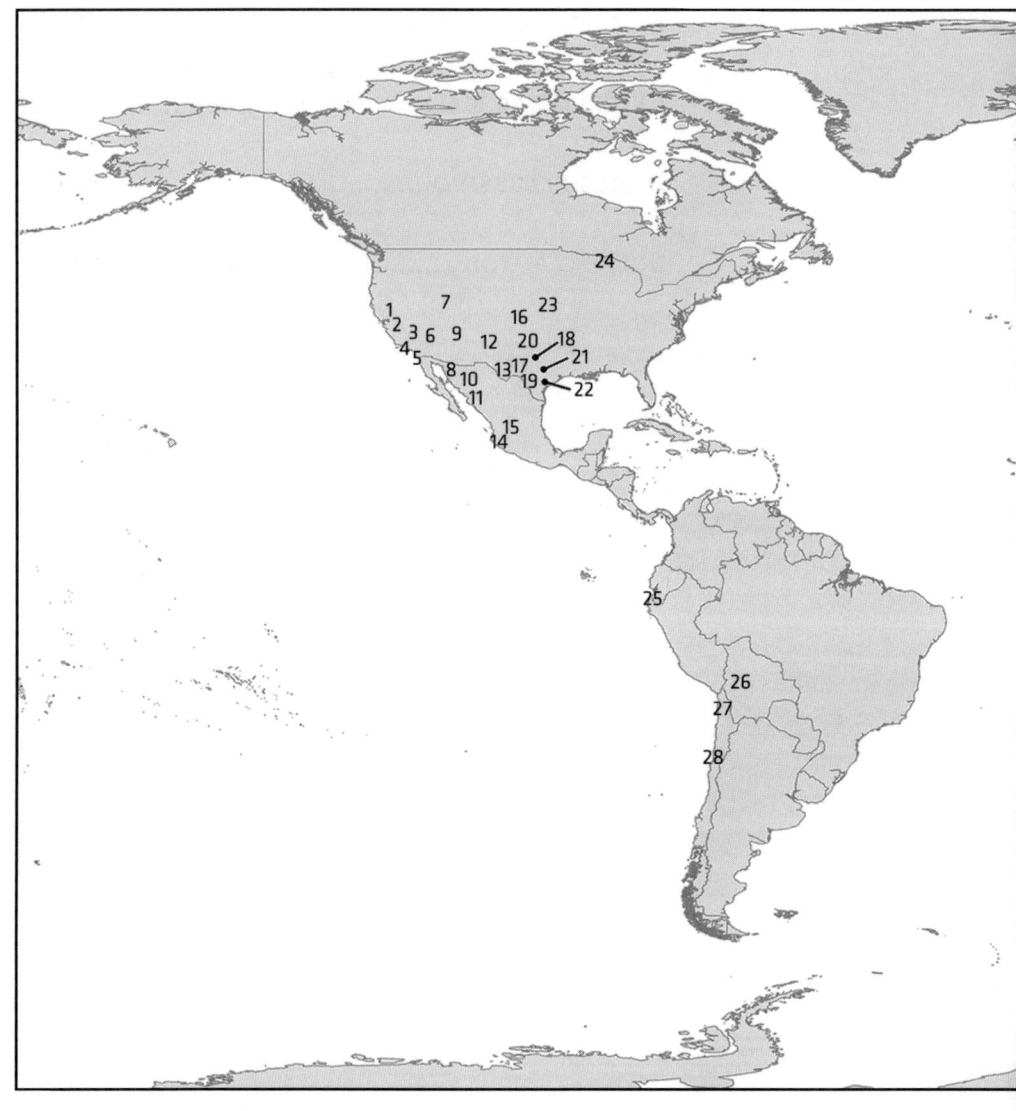

1. Rio Sacramento
2. Rio San Joaquin e aquífero do Central Valley
3. Lago Owens
4. Los Angeles
5. San Diego
6. Las Vegas
7. Grande Lago Salgado
8. Rio de la Concepción
9. Rio Colorado (Oceano Pacífico)
10. Aquífero do oeste do México
11. Rio Fuerte
12. Acéquias do Novo México
13. Rio Grande
14. Rio Armeria
15. Rio Santiago
16. Aquífero de Ogallala
17. Rio Colorado (Texas)
18. Rio Brazos
19. Rio Guadalupe-San Antonio
20. Aquífero de Edwards
21. Austin
22. San Antonio
23. Rios Missouri e Mississippi
24. Lago Superior
25. Rio Chira
26. Cochabamba
27. Rio Loa
28. Rio Huasco
29. Rio Guadiana
30. Rio Tibre
31. Rio Doring
32. Aquífero do delta do Nilo
33. Mar Morto

34. Rio Jordão
35. Damasco
36. Alepo
37. Lago Naivasha
38. Rio Tana
39. Rio Shebelle
40. Aquífero do norte da Arábia
41. Tigre-Eufrates
42. Arábia Saudita
43. Aquífero persa
44. Aquífero do sul do Cáspio
45. Mar de Aral
46. Aquífero do baixo Indo
47. Rio Indo
48. Rio Mahi
49. Aquífero do alto Ganges
50. Rio Tapti
51. Rio Krishna
52. Rio Narmada
53. Rio Penner
54. Rio Cauvery
55. Rio Godavari
56. Rio Tarim
57. Rio Ganges
58. Chao Phraya
59. Rio Amarelo
60. Rio Yang-tsé
61. Rio Yong-ding
62. Pequim
63. Aquífero da planície da China setentrional
64. Rio Bacarra-Vintar
65. Bacia Murray-Darling

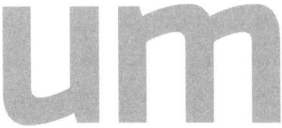

Estamos ficando sem água

Em março de 1934, Benjamin Baker Moeur, na época governador do Estado do Arizona, nos Estados Unidos, ficou nervosíssimo ao saber que o Estado vizinho da Califórnia se preparava para construir uma represa no rio Colorado para levar mais água às cidades que cresciam em sua região sul. O rio, que no trecho final forma a fronteira entre a Califórnia e o Arizona, encolhera recentemente, depois de cinco anos de seca rigorosa em todo o oeste do país, a um quinto da vazão normal.

Moeur não fora avisado de nenhum plano para construir represas no baixo Colorado e temeu que a Califórnia fosse tirar, de um rio que já mostrava sinais de tensão, um quinhão maior do que o devido.

Ao saber da notícia da construção da represa, o governador imediatamente mandou seis integrantes da Guarda Nacional do Arizona investigarem. Eles partiram de Yuma e subiram o rio numa balsa dilapidada chamada Nellie Jo, recém-batizada de Marinha do Arizona para a missão de reconhecimento. Numa aventura que fazia lembrar as comédias dos Três Patetas, que começaram a passar nos cinemas naquele mesmo ano, a Nellie Jo encalhou num banco de areia pouco abaixo do canteiro de obras da represa, e os guardas tiveram de ser resgatados pelos operários.

Os guardas continuaram a monitorar a obra da represa durante sete meses, mandando despachos diários pelo rádio para o governador. Quando anunciaram que a obra finalmente tocara a margem pertencente ao Arizona, Moeur se enfureceu. Invocou a lei marcial, fez uma proclamação para repelir a invasão e mandou uma milícia de cem homens em 18 caminhões, alguns com metralhadoras montadas, para interromper a obra (Reisner, 1993). Outros 17 caminhões cheios de soldados foram preparados para subir o rio numa flotilha de balsas quando Harold Ickes, secretário do Interior dos Estados Unidos, intrometeu-se, pediu a Moeur que voltasse atrás e o tranquilizou assegurando que todas as obras na represa seriam interrompidas até a solução da disputa.

No entanto, Ickes ficou indignado com as ações agressivas de Moeur e, como retaliação, abriu na Suprema Corte americana um processo para impedir que o Arizona interferisse na construção da represa Parker. Afinal de contas, raciocinou, o direito da Califórnia de desviar água do Colorado fora explicitamente concedido pelo Congresso em 1922 com o Pacto do Rio Colorado, também chamado de Lei do Rio, que alocava quinhões do rio a cada um dos sete Estados por onde passa.

Para surpresa de Ickes, a Suprema Corte decidiu a favor do Arizona. O tribunal observou que a represa Parker, a ser construída por um órgão hídrico federal, nunca fora formalmente autorizada pelo Congresso americano e que o Arizona ainda não assinara o Pacto do Rio Colorado porque discordava do pequeno volume de água que o documento destinava ao Estado.

No fim, Moeur desistiu da oposição à represa Parker em troca do compromisso de Ickes de fornecer financiamento federal para a expansão substancial de projetos de irrigação no Arizona com água do rio Colorado. Mais tarde, em 1944, o Arizona assinou o pacto.

A seca da década de 1930 veio e se foi, mas os projetos de intervenção hídrica sancionados naquela década determinaram o destino do rio Colorado no século que se seguiu (Fig. 1.1). Em 1936, quando terminada, a represa Hoover era a maior do mundo na época. Finalmente, em 1938, a represa Parker ficou pronta. A adutora do rio Colorado, construída em 1939, ligava o reservatório da represa Parker às torneiras urbanas do sul da Califórnia. Outros canais enviavam um volume de água enorme para projetos de irrigação em Imperial Valley, na Califórnia, e no vale do rio Gila, no Arizona.

Nos últimos 80 anos, o uso cada vez mais intenso da água do Colorado criou uma situação extremamente precária e contenciosa para todos os que hoje dependem do rio. Fradkin (1996) descreveu o Colorado como "o rio mais usado, mais dramático e mais disputado e politizado" dos Estados Unidos. O pacto interestadual da água de 1922 preparou o cenário de um drama litigioso que continua até hoje. Aquele acordo, que dividiu a água do Colorado em sete fatias para os Estados que o compartilham, baseava-se na estimativa de que a vazão anual média do rio era de 21,6 bilhões de metros cúbicos de água (17,5 milhões de acres-pés, sendo um acre-pé de água o volume necessário para inundar 1 acre de terra com profundidade de 1 pé). O pacto reservava 19,7 bilhões de metros cúbicos (16 milhões de acres-pés) para os sete Estados, com cerca de metade disso para os localizados no alto do rio e a outra metade para aqueles a jusante.

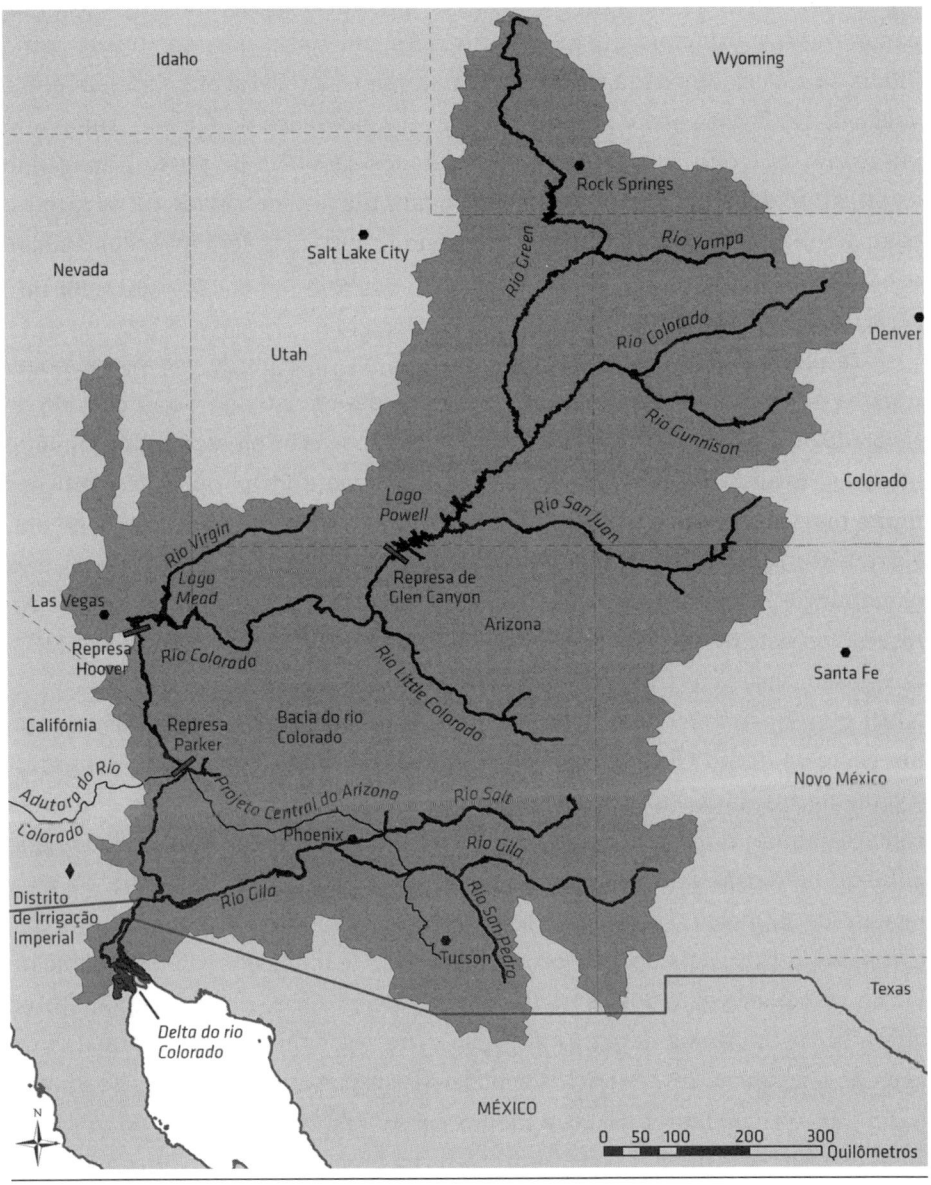

FIG. 1.1 *Mapa do sistema do rio Colorado*

A maioria das descrições do Pacto do Rio Colorado diz que o acordo distribuía apenas 15 milhões de acres-pés e que os Estados da alta e da baixa bacias dividiam igualmente esse volume (cada parte receberia 7,5 milhões de acres-pés). Contudo, o pacto na verdade reservava outro milhão de acres-pés para os Estados da baixa bacia, pressupondo que essa água adicional viria da bacia do rio Gila e não da vazão de Lee's Ferry.

Quando olhamos para trás, é fácil ver que havia falhas na arquitetura do pacto. Desde o princípio, conceder o direito a consumir mais de 90% da vazão média do rio era uma receita desastrosa. O que aconteceria nos anos em que a vazão do rio ficasse abaixo da média? E as necessidades do México, onde o rio desaguava no golfo da Califórnia, alimentando as áreas de pesca e irrigando as terras do delta pelo caminho? O pacto admitia a necessidade de negociar o compartilhamento da água com o México no futuro, mas será que seus autores achavam mesmo que deixar apenas um fio de água para o vizinho a jusante seria uma troca justa?

Para piorar a situação, sabemos hoje que, na redação do acordo, os engenheiros da época superestimaram a vazão média de água do rio. O período de 1905 a 1922, usado como base de cálculo, tivera épocas de chuvas anormalmente intensas. Avaliações científicas recentes, baseadas num período de medições muito mais longo, calculam que a vazão média do rio é pelo menos 15% menor, entre 17,6 e 18,5 bilhões de metros cúbicos (14,3 e 15 milhões de acres-pés), e os climatologistas avisam que o rio enfrentará épocas ainda mais secas (há um resumo recente de estudos climáticos da bacia do rio Colorado em USBR, 2012). Conclusão: desde o princípio houve excesso de alocação da água do rio.

Os que dependem do rio Colorado ainda convivem com as consequências de um pacto da década de 1920 baseado em dados errados e com objetivos exclusivamente utilitários. A contabilidade estéril de metros cúbicos de água não começa sequer a descrever a tensão social e o sofrimento econômico vividos pelos que dependem do rio quando o desempenho fica abaixo da média. Na seca recente de 1999-2003, a geração de eletricidade pelas grandes usinas hidrelétricas do rio caiu mais de 20%, provocando uma onda de choque nas contas de luz de todo o sudoeste dos Estados Unidos (Adee; Moore, 2010). Os agricultores viram secar os canais de irrigação, e as safras minguaram. O nível baixo da água do lago Mead, reservatório formado pela represa Hoover, deixou as marinas secas, com 900 mil turistas a menos e perda de receita de US$ 28 milhões, além do desaparecimento de 680 empregos na área (Morehouse; Frisvold; Bark-Hodgins, 2007).

A medida mais reveladora das falhas do pacto é o fato de hoje o rio secar completamente antes de chegar ao mar – não só nos anos secos, mas em praticamente todos os anos. Muitos avaliariam que consumir totalmente a água de um rio é nosso destino manifesto ou a conclusão lógica de usar todo o potencial de um recurso precioso. No entanto, outros veem num rio muito mais do que metros cúbicos e quilowatts.

Ao descrever o Pacto do Rio Colorado num editorial de 2012 do jornal *Los Angeles Times*, a escritora e hidrologista Sandra Postel lamentou: "Todos os sete Estados americanos da bacia estavam representados, mas faltaram duas vozes. Uma foi a do México. A outra, a do próprio rio" (Postel, 2012).

Com o consumo de todas as migalhas disponíveis da água do Colorado, o rio perdeu boa parte de sua riqueza ecológica, que já foi lendária. No delta do rio, lugar que o grande conservacionista americano Aldo Leopold descreveu como uma "vastidão de leite e mel" marcada por profundas lagoas verdes e pântanos cheios de peixes e aves aquáticas, só resta hoje um deserto árido, tostado de sol e coberto de sal. Conforme o rio foi secando, a pesca no delta e no golfo da Califórnia, no México, foi dizimada, inclusive a grande população de totoabas (*Totoaba macdonaldi*), peixes que podem chegar a mais de 100 kg. Hoje, qualquer visitante do delta seco acharia dificílimo imaginar um peixe imenso como o totoaba nadando ali. Seria como imaginar a vida em outros planetas.

O excesso de alocação do rio também gerou desigualdade social. Durante mais de mil anos, a tribo nativa dos cucapás (o "povo do rio") viveu da pesca e da agricultura de subsistência no delta. No entanto, quando o pacto do rio foi negociado, em 1922, nenhum mensageiro foi enviado ao delta para convidar os cucapás para a mesa de negociações. Em 1944, quando o México brigou com os Estados Unidos pelo direito aos últimos vestígios do rio, as autoridades mexicanas buscavam água para cultivar aspargo e algodão em Mexicali, não peixes ou melões para alimentar os cucapás. Antes, a riqueza natural do rio sustentava mais de seis mil cucapás. Hoje, restam menos de 600 (Briggs; Cornelius, 1998).

Em muitos aspectos, a história validou a ansiedade do governador Moeur de quase um século atrás: há limites para o que um rio pode dar, e é preciso tomar muito cuidado ao avaliar uma divisão de água, porque essas decisões podem se enredar como um nó difícil de desatar. Enquanto continuam a negociar seu futuro, os Estados que compartilham o rio deveriam responder a uma pergunta nunca feita quando o Pacto do Rio Colorado foi negociado, noventa anos atrás: *precisamos mesmo pegar tudo?*

Temos os meios para arrancar cada gota de água dos rios e lagos do planeta ou sugar seus aquíferos até secarem, mas será que queremos mesmo fazer isso? Ou queremos deixar alguma água em paz, o suficiente para alimentar os motores biológicos do planeta, para servir de reserva em épocas de seca e futuro incerto ou simplesmente para irrigar nossa alma com a beleza intrínseca da água a correr? Um rio ainda será um rio quando toda a água se for (Fig. 1.2)?

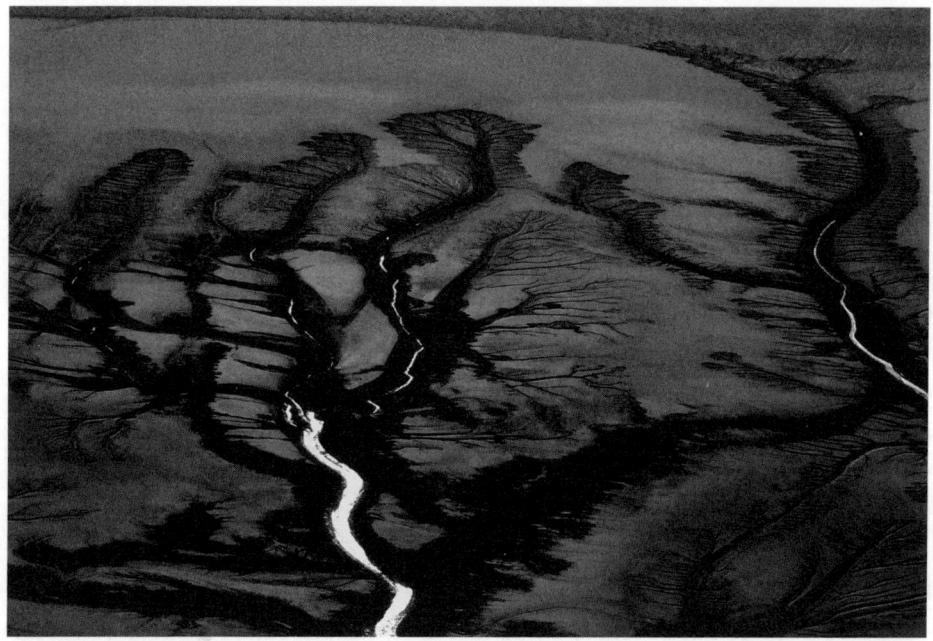

FIG. 1.2 *O rio Colorado hoje seca completamente nas areias do delta, interrompendo sua ligação fluida com o golfo da Califórnia, no México. Um rio ainda será um rio quando toda a água se for?*

Foto: Pete McBride.

Hoje, cada vez mais se fazem e se respondem a essas perguntas a respeito de rios, lagos e aquíferos esgotados pelo mundo. Tony Burke, ministro da Água da Austrália, explicou as metas do plano de 2012 para a bacia do sistema Murray-Darling da seguinte maneira:

> Todos precisam de rios saudáveis. Ninguém ganha quando nossos rios morrem. E o que vem acontecendo há muito tempo é que tiramos tanta água dos rios que eles estão vivendo como se estivessem na seca muito tempo antes de a seca realmente chegar (Burke, 2012).

Quando se mantêm em condições ecológicas saudáveis, os rios e outros ecossistemas de água doce oferecem à sociedade uma miríade de serviços e benefícios. A vegetação natural, como os charcos e as matas ciliares, retardam a velocidade da água, reduzindo sua força destrutiva. Quando se desacelera, a água pode ser limpa por processos biológicos e realimentar os aquíferos subterrâneos. A água doce que se desloca pelo ecossistema fluvial até as regiões costeiras mantém o equilíbrio adequado de sais e leva nutrientes aos estuários, permitindo que peixes, moluscos e outros animais se alimentem e cresçam. Os sedimentos transportados pelos rios formam e recuperam as praias litorâneas e as ilhas que protegem a costa das tempestades oceânicas. A natureza faz esse serviço inestimável gratuitamente, mas só se deixarmos água suficiente para que ela possa funcionar.

Em 1922, quando o rio Colorado em sua totalidade foi destinado a uso humano, não compreendíamos adequadamente os processos naturais e sua importância para nosso bem-estar, e esses serviços do ecossistema natural não foram adequadamente levados em conta, pois muitos outros rios, lagos e aquíferos se esgotaram. Agora os cientistas são muito mais capazes de quantificar quanta água deve ser deixada para manter a saúde da natureza. Ainda bem que, finalmente, a atenção a essas necessidades do ecossistema está começando a aparecer em planos e acordos de uso da água no mundo inteiro – ver, por exemplo, Postel e Richter (2003).

1.1 Uma vida de preocupação com a água

A água do rio Colorado correu em minhas veias nas duas primeiras décadas de minha vida, e desconfio que isso me marcou com a consciência da escassez. Meu pai se apaixonou por San Diego quando passou quatro anos lá a serviço da Marinha americana, no início da década de 1950. Em 1955, quando saiu da Marinha, ele voltou ao Texas, casou-se com minha mãe, levou-a para a lua de mel em San Diego e um ano depois me recebeu no mundo. Meus pais fugiram do Texas na hora certa. A pior seca da história estava devastando o Estado; matou centenas de milhares de cabeças de gado e deixou o milho enfezado e apodrecendo nos campos. Aquela seca levou à falência metade dos criadores de gado e agricultores do Texas, e o resto quase enlouqueceu.

Minha família embarcou na onda de otimismo e crescimento populacional de San Diego provocada pelo redirecionamento da vazão do rio Colorado para o sul da Califórnia, na década de 1940. Até meu décimo aniversário, a cidade cresceu com meio milhão de novos habitantes, forçando demais os limites do direito da cidade à água do Colorado. Uma seca de minha adolescência inspirou uma frase popular em para-choques: "Poupe água; tome banho com alguém". Em 1978, a Califórnia reduziu a tensão hídrica com a construção do Projeto Hídrico Estadual, que avançava 800 km pelos rios do norte do Estado para levar água para as cidades litorâneas ao sul. Quando parti para a pós-graduação, na década de 1980, San Diego importava 95% de seu suprimento de água de rios muito distantes. A cidade nunca parou de procurar mais água.

E eu nunca parei de pensar em secas e falta de água. Lembro-me de pensar, no ensino médio, que, caso me tornasse especialista em água, teria segurança no emprego pelo resto da vida. Passei os últimos 25 anos nesse caminho com meu trabalho na The Nature Conservancy, que me deu a oportunidade de viajar pelo mundo trabalhando com soluções hídricas para beneficiar a natureza e os seres humanos. Assisti em primeira mão às consequências da falta de água, e isso me deu algumas ideias. Durante esses anos e viagens, não parei de fazer as mesmas perguntas que fiz quando aprendi os limites do rio Colorado:

* Quem sofria falta de água e onde?
* O que acontece com seres humanos e outras espécies quando há falta de água?
* Por que comunidades e países ficam sem água?
* Há algum modo de evitar a escassez ou superá-la depois que acontece?

Neste livro, contarei um pouco do que aprendi e apresentarei minhas respostas a essas perguntas, respostas que ainda estão evoluindo. No restante deste capítulo, darei uma visão geral dos lugares onde há escassez de água e começo descrevendo o impacto da falta de água pelo mundo. Isso deixará o resto do livro para explicar o que causa a falta de água e o que podemos fazer para resolvê-la.

1.2 A escassez de água no mundo

Em 1985, Boutros Boutros-Ghali, que sete anos depois se tornaria secretário-geral das Nações Unidas, avisou que "a próxima guerra no Oriente Médio será travada pela água, não pela política". Foi um tiro de alerta ouvido no mundo inteiro, que levou muitos países a pensarem em seu próprio futuro hídrico. Avisos mais recentes sobre a água não se limitaram ao Oriente Médio. Kofi Annan, sucessor de Boutros-Ghali na Organização das Nações Unidas (ONU), avisou em 2001 que "a competição feroz pela água potável pode se tornar fonte de conflitos e guerras no futuro". Ele, por sua vez, foi sucedido por Ban Ki-moon, que em 2008 se mostrou preocupado porque muitos conflitos pelo mundo eram alimentados ou exacerbados pela falta de água. Em 2013, Ban Ki-moon deu mais um passo e avisou que o mundo estava a caminho de ficar sem água potável, a menos que houvesse um grande esforço para assegurar o seu suprimento.

A briga pela represa Parker, no rio Colorado, em 1934 marcou a última vez na história dos Estados Unidos em que um Estado pegou em armas contra outro, mas não a última briga pela água a ocorrer fora do país. Na verdade, como indicado pelos vários alertas da ONU, os conflitos pela água aumentaram de número no mundo inteiro e se intensificaram com o tempo, enquanto o suprimento de água tem se reduzido cada vez mais.

Aaron Wolf e seus colegas da Universidade do Estado do Oregon vêm documentando minuciosamente a história das escaramuças pela água no mundo inteiro. Ele ressalta que a última verdadeira guerra de tudo ou nada pela água entre nações ocorreu há mais de 4.500 anos, entre as cidades-estado de Umma e Lagash, na bacia dos rios Tigre e Eufrates, no Iraque de hoje. No entanto, a ausência de ação militar direta disfarça a potência da escassez de água como corrente subjacente dos conflitos políticos e agitações sociais. Por exemplo, a Guerra dos Seis Dias de 1967, no Oriente Médio, foi provocada em parte pela tensão causada por um projeto sírio de desviar o rio Jordão, e até hoje a água é pomo de discórdia entre Israel e seus vizinhos. Devido à rixa prolongada e à falta de gerenciamento coordenado do Jordão, o rio encolheu para uma fração do tamanho original, e o nível da água do Mar Morto, onde esse rio deságua, vem baixando mais de um metro por ano. Essa secagem de preciosas fontes de água, que inclui o forte esgotamento dos aquíferos da região, exacerba bastante a tensão política na área.

A própria água foi usada como arma. No início da década de 1990, Saddam Hussein puniu os árabes do pântano, muçulmanos xiitas do sul do Iraque, pela insurreição contra o regime usando represas para interromper o curso dos rios Tigre e Eufrates até os pântanos da Mesopotâmia. Os pântanos, que já formaram a terceira maior área alagada do mundo, eram ocupados havia mais de cinco mil anos. Sem vazão adequada de água, eles encolheram rapidamente para uma fração minúscula do tamanho original, e os árabes do pântano, cuja população estimada era de 250 mil em 1991, caíram rapidamente para menos de 40 mil (Yao, 2013).

Mais recentemente, em outubro de 2012, mais de cinco mil agricultores e ativistas do Estado de Karnataka, na Índia, tentaram assumir o controle da represa Krishna Raja Sagar, no rio Cauvery, na tentativa de impedir a liberação de água para o Estado de Tamil Nadu, a jusante. Ao contrário de Saddam

Hussein, o povo de Karnataka não fazia isso para punir os vizinhos, embora mais de 120 anos de disputa pela água do Cauvery tenham, sem dúvida, gerado bom volume de ódio entre esses estados indianos. Na verdade, eles agiam por desespero. Em secas como a que ocorreu em 2012, simplesmente não há água suficiente no rio para irrigar suas plantações. Para eles, acumular água é a única alternativa à falência ou à fome.

Nas últimas décadas, escutei muitos debates acalorados entre vizinhos, comunidades e países sobre a falta de água. Vi a tensão, a hostilidade e o sofrimento que vêm com a escassez de água, além de seu impacto devastador sobre a vida selvagem e o funcionamento dos ecossistemas, do rio Klamath, no Oregon, ao rio Apalachicola, que corre pelos Estados da Geórgia, do Alabama e da Flórida, nos Estados Unidos; do rio Tana, no Quênia, ao rio Zambezi, em Moçambique; e do rio Yaqui, no México, ao rio Yang-tsé, na China. Em minha cidade natal de Charlottesville, na Virgínia, uma seca grave em 2002 quase zerou a oferta hídrica da comunidade, desmentindo a antiga crença de que a falta de água só ameaçava a metade oeste do país.

Quanto mais eu aprendia sobre esses lugares e conflitos, mais profundamente queria mergulhar na compreensão da incidência e da disseminação da escassez de água no planeta. Queria entender melhor como a água era usada naqueles lugares, o que provocara a sua falta e o que poderia ser feito para resolver conflitos em lugares desprovidos de água.

Comecei a trabalhar com Martina Flörke, da Universidade de Kassel, na Alemanha, e com Kate Brauman, da Universidade de Minnesota, para desenvolver novos mapas globais da escassez de água. Martina deu uma contribuição importantíssima para o desenvolvimento de um modelo hidrológico global chamado WaterGAP. Ela pertence ao número crescente de pesquisadores ao redor do mundo que desenvolvem modelos computadorizados para avaliar a situação das fontes de água do planeta. A maioria dos grupos de modelagem global da água está estabelecida em instituições acadêmicas, como as universidades de Kassel e Frankfurt, na Alemanha, as universidades de Utrecht e Twente, nos Países Baixos, e o City College de Nova York.

Lançando mão de supercomputadores para realizar os milhões de cálculos necessários, esses pesquisadores empregam as melhores estimativas disponíveis de chuva, neve, evaporação, uso da água e muitos outros fatores para entender a situação da água no planeta. Eles ajustam seus modelos comparando os resultados com dados coletados em campo por dezenas de milhares de estações de monitoramento que medem a vazão dos rios ou o nível do lençol freático. Recentemente, começaram a ser usadas até medições de água feitas por satélites que calculam estimativas da mudança do volume de água de lagos, geleiras, calotas polares e aquíferos (Famiglietti, 2013).

Embora muitas abordagens e indicadores tenham sido empregados para caracterizar ou quantificar a escassez de água, Martina, Kate e eu criamos um índice simplíssimo de esgotamento hídrico que usamos para mostrar a situação de falta de água em cada bacia hidrográfica (neste livro, a expressão *bacia hidrográfica* é utilizada para se referir à área onde há escoamento até um ponto específico, como um lago ou determinado ponto de um rio, tal como descrito com mais detalhes no Cap. 2; outras expressões comumente empregadas são *área de captação* e *bacia de drenagem*). Com resultados do modelo WaterGAP, estimamos a vazão hídrica média que resta em mais de 11 mil bacias hidrográficas depois do uso em cidades, indústrias e fazendas. Comparamos esse volume de água remanescente com o volume que esperaríamos encontrar se ninguém utilizasse a água. Em essência, tentamos descrever, em termos percentuais, quanta água de cada fonte se perde com o uso humano. O mapa da Fig. 1.3 é um dos produtos de nosso trabalho.

Desenvolvemos esse índice de esgotamento de água porque para nós está claro, como bem ilustra o rio Colorado, que, conforme as fontes locais se esgotam cada vez mais, a vulnerabilidade das comunidades e ecossistemas aquáticos a impactos graves da falta de água aumenta proporcionalmente. Nossa avaliação revelou que, ao contrário do rio Colorado, poucos lugares sofrem falta de água continuamente. Em vez disso, essa falta tende a ter natureza episódica, surgindo na estação menos chuvosa ou durante as secas. Para comunidades inteiras de usuários de água, pode ser muito caro ou difícil reduzir o consumo rapidamente ou em alto grau durante um período seco. Por essa razão, quando adquirem o hábito de gastar regularmente grande parte da produção de uma fonte de água, os usuários estão fadados ao desastre quando esses períodos mais secos chegarem.

Essa vulnerabilidade à falta de água episódica pode ser ilustrada pelo rio Brazos, no Texas. A Fig. 1.4 mostra em que grau o rio se reduziu a cada mês num período típico de dois anos. Em média, cerca de metade do Brazos se esgotou, mas seu uso intenso o fez cair a níveis baixíssimos em meses ou estações sem chuva, pondo em risco todos os usuários de água.

Um desses usuários é a fábrica da Dow Chemical em Freeport, no Texas, localizada perto da embocadura do rio. Em novembro de 2012, com medo de que essa fábrica de produtos químicos com mais de oito mil funcionários, uma das maiores do mundo, ficasse sem água caso as condições de seca persistissem, a empresa solicitou ao Estado que interrompesse o fornecimento de água a todos os usuários com baixa prioridade no direito à água para assegurar que o direito da empresa fosse satisfeito. Como uma ação dessas deixaria mais de 700 agricultores sem água, o Texas Farm Bureau (órgão agrícola do Texas) abriu rapidamente um processo contra o Estado para impedir os cortes (Price, 2012). Felizmente, a tensão se aliviou no início de 2013 porque a chuva renovou a vazão do rio, mas, sem redução substancial do uso da água ao longo do Brazos, é provável que essa recuperação seja temporária.

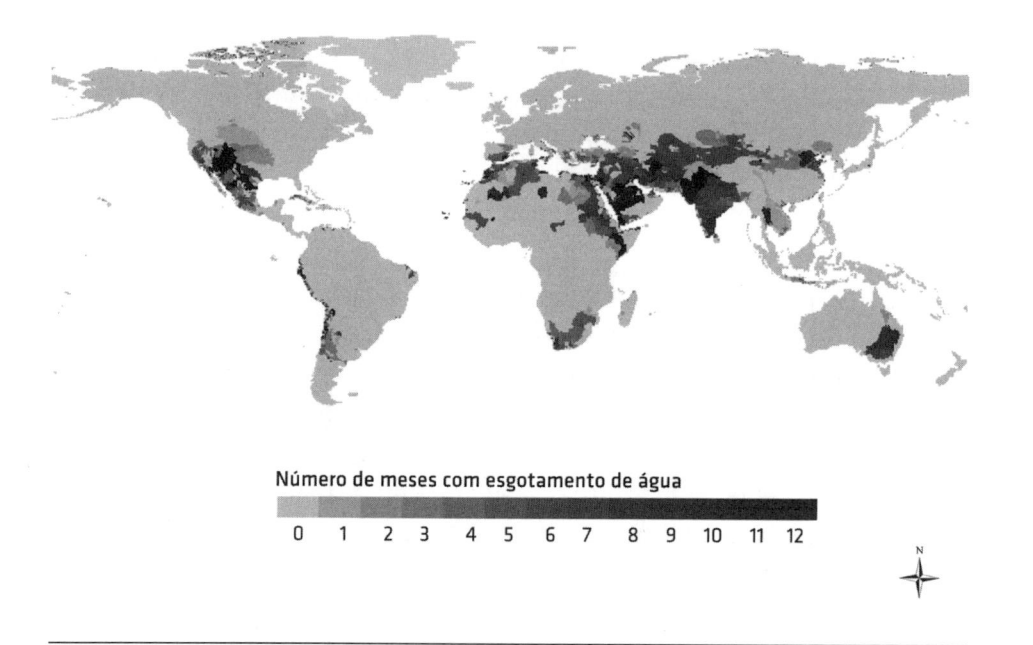

FIG. 1.3 *Esse mapa global da escassez de água, produzido com o modelo WaterGAP, desenvolvido na Universidade de Kassel, na Alemanha, destaca lugares onde mais da metade da vazão hídrica média se esgota durante um ou mais meses do ano*

Nosso mapa da Fig. 1.3 ilustra o fato de que a escassez de água não ocorre em toda parte. Verificamos que menos de um quarto das fontes de água vem sofrendo, em alguns meses, redução de mais de 50%. No entanto, é muito preocupante que metade das cidades do mundo com população maior do que cem mil habitantes se situe nesses lugares com problemas hídricos. Muitas dessas cidades têm grande dificuldade de assegurar o fornecimento de água necessário para sustentar sua crescente população.

Os pontos mais delicados de nosso mapa correspondem a rios que regularmente secam por completo, como o Amarelo e o Tarim, na China, o Colorado e o Rio Grande, nos Estados Unidos, o Indo, no Paquistão, e o sistema Murray-Darling, na Austrália. Outros pontos delicados de escassez de água são o aquífero esgotado de Ogallala, nas Grandes Planícies dos Estados Unidos, o aquífero do norte da Arábia, na Arábia Saudita, e o seco mar de Aral, no Cazaquistão e no Uzbequistão. O Quadro 1.1 apresenta uma lista de algumas fontes de água com maior esgotamento, de acordo com nossas estimativas. Também documentamos o uso da água em lugares com escassez; mais de 90% de todo o esgotamento se deve à agricultura irrigada.

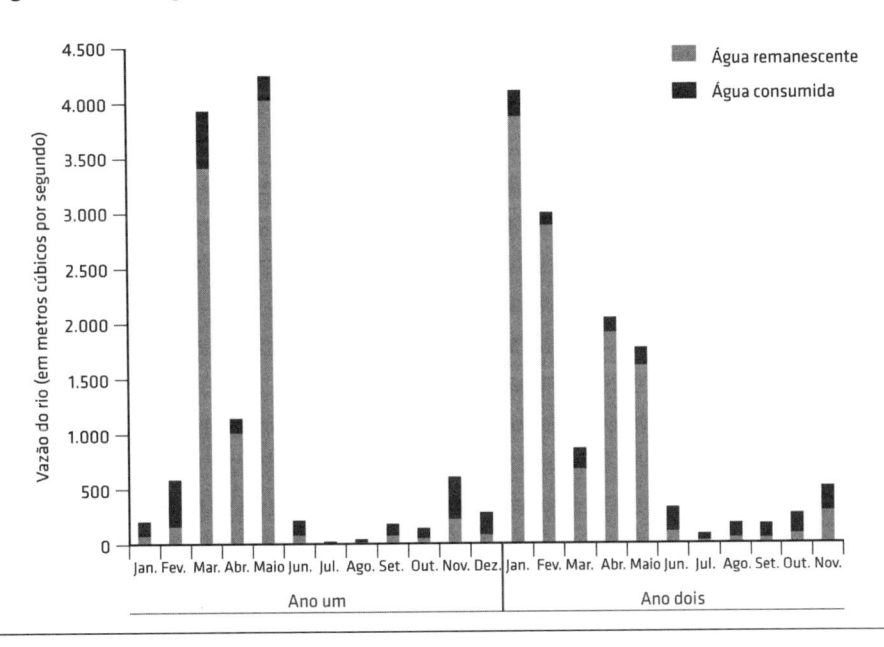

FIG. 1.4 Gráfico que mostra quanta água foi retirada por mês do rio Brazos, no Texas, durante os dois anos típicos aqui mostrados. A altura total de cada barra representa o volume total de água disponível no mês; a parte preta representa quanta água foi consumida, e a porção cinzenta indica o que restou no rio. O rio pode quase secar nos meses em que a vazão é naturalmente baixa e o consumo de água, alto. As estimativas de vazão e consumo de água se baseiam no resultado computadorizado do Modelo de Disponibilidade de Água do Texas

1.3 A DOR DA ESCASSEZ DE ÁGUA

O Fórum Econômico Mundial (WEF, 2012) já pôs as crises de fornecimento de água na parte mais alta da lista de riscos globais, com base na probabilidade e no potencial de impacto. É possível encontrar indícios abundantes de dificuldade hídrica quando se procuram na internet notícias relacionadas a qualquer uma das fontes citadas no Quadro 1.1. Com meus alunos da Universidade da Virgínia, venho compilando um banco de dados global de impactos econômicos e outros causados pela falta de água (Conservation Gateway, 2013). Sempre que encontramos uma reportagem, um artigo de revista científica ou um site da internet que discuta os impactos da falta de água em algum lugar do mundo, registramos as informações em nosso banco de dados. Do mesmo modo, Aaron Wolf e seus colegas da Universidade do Estado do Oregon estão construindo o Banco de Dados de Disputas de Água Doce Transfronteiriça (The Transboundary Freshwater Dispute Database, disponível em <www.transboundarywaters.orst.edu/database/DatabaseIntro.html>) para identificar lugares onde os conflitos pela água surgiram ou estão sendo resolvidos, como em tratados sobre água entre países que compartilham o mesmo rio ou aquífero.

Quadro 1.1 FONTES DE ÁGUA DOCE MAIS ESGOTADAS DO MUNDO

Mar de Aral, Cazaquistão/Uzbequistão	Aquífero persa, Irã
Rio Krishna, Índia	Mar Morto, Jordânia/Israel
Rio Armeria, México	Rio Grande/Rio Bravo, EUA/México
Rio Loa, Chile	Rio Doring, África do Sul
Rio Brazos, EUA	Rio Sacramento, EUA
Aquífero do baixo Indo, Índia/Paquistão	Rio Fuerte, México
Rio Cauvery, Índia	Rio San Joaquin, EUA
Rio Mahi, Índia	Rio Ganges, Índia/Bangladesh
Aquífero de Central Valley, EUA	Rio Santiago, México
Bacia Murray-Darling, Austrália	Rio Godavari, Índia
Chao Phraya, Tailândia	Rio Shebelle, Etiópia/Somália
Rio Narmada, Índia	Grande Lago Salgado, EUA
Rio Chira, Equador e Peru	Rio Tapti, Índia
Aquífero do delta do Nilo, Egito	Aquífero de Ogallala, EUA
Rio Colorado, oeste dos EUA	Aquífero do alto Ganges, Índia/Paquistão
Aquífero do norte da Arábia, Arábia Saudita	Rio Huasco, Chile
Rio Colorado (Texas), EUA	Aquífero do oeste do México
Aquífero da planície da China setentrional, China	Rio Indo, Paquistão/Índia
Rio Penner, Índia	Rio Yong-ding, China
Rio de la Concepción, México	

Algumas generalidades podem ser deduzidas do histórico dos muitos casos de escassez de água que se acumulam pelo mundo:

- *Os impactos econômicos de ficar sem água podem ser devastadores.* O Estado do Texas perdeu quase US$ 9 bilhões de receita durante uma seca em 2011, grande parte em plantações que não puderam ser irrigadas por causa da falta de água. A China perde US$ 15 bilhões por ano devido ao esgotamento da água subterrânea e outros US$ 24 bilhões com a perda de disponibilidade hídrica em decorrência da poluição (The World Bank; State Environmental Protection Administration of China, 2007).
- *O custo de obter água adicional pode ser altíssimo.* Quando as comunidades exaurem as fontes de água locais, água adicional terá de ser obtida em outro lugar. Talvez seja preciso construir adutoras para trazer água de outros locais ou usinas de dessalinização se tornem necessárias para transformar em água doce a água do mar ou a água salobra subterrânea. Essas opções têm um custo prévio elevado na construção e um custo alto e constante de energia elétrica para bombear e tratar a água.
- *A falta de água prejudica o funcionamento de sistemas de infraestrutura cinza (feita pelo homem) e verde (natural).* Usinas elétricas e hidrelétricas não podem operar com toda a capacidade, a navegação e o transporte fluvial se interrompem, os rios não podem mais diluir e assimilar suficientemente os resíduos que recebem e os estuários deixam de produzir peixes e moluscos porque não há vazão de água doce suficiente para manter adequada a concentração de sal. O esgotamento da água é uma das principais causas de risco de extinção de espécies aquáticas (Postel; Richter, 2003).
- *A vida e a subsistência humanas ficam comprometidas.* A falta de água pode ser fatal para muitos habitantes pobres de regiões do mundo em desenvolvimento sem acesso fácil a água potável. Quando as fontes locais de água secam ou ficam poluídas, muitos, geralmente mulheres e crianças, são forçados a percorrer grandes distâncias a pé para encontrar outra fonte, o que prejudica sua saúde e os impede de participar de outros tipos de trabalho ou frequentar a escola. O declínio da capacidade de muitas famílias pobres cultivarem a própria comida devido à falta de água provoca migrações em massa em muitas regiões de água escassa. Nos piores casos, há falências, divórcios, suicídios e esfacelamento de comunidades.
- *A qualidade de vida diminui.* Tudo o que valorizamos na água corrente ou parada, como a recreação, as qualidades estéticas, as outras espécies que ela sustenta e seu culto em práticas espirituais, perde-se quando um rio ou lago seca.

1.4 Aprender com o passado para construir um futuro hídrico melhor

A calamidade da escassez de água no rio Colorado pode ser atribuída, em parte, à falta de informações corretas; os dados de que dispunham os cientistas quando as águas do Colorado foram divididas entre os Estados eram inadequados para compreender a natureza variável da riqueza hídrica do rio. Hoje, somos muito mais capazes de estimar e compreender quanta água está disponível em nossas fontes em anos médios, secos e chuvosos. A pergunta é: usaremos essas informações para gerir melhor a água, de modo a sustentar o que prezamos, obter o que precisamos e permitir que evitemos o risco de escassez?

Centenas de livros e milhares de artigos técnicos foram escritos sobre a questão da gestão hídrica, mas muitas comunidades continuam a se chocar com a muralha da escassez. Precisamos com urgência projetar, experimentar e dar vida a algumas formas fundamentalmente novas de democracia hídrica. O século XX nos ensinou que a tecnocracia estatal de cima para baixo simplesmente não tem disposição ou não consegue alocar, monitorar e governar a água de modo a evitar a escassez. Para evitar que a escassez aumente, acredito que precisaremos capacitar e permitir tomadas de decisão mais localizadas e processos de gestão que possam ser ajustados a necessidades, usos, atividades econômicas e culturas específicas associados ao compartilhamento das fontes de água. Em última análise, a gestão hídrica eficaz exigirá capacidade técnica e envolvimento adequado de usuários da água e outros interessados locais.

Para dar poder às comunidades de usuários locais da água, é preciso superar o analfabetismo hídrico generalizado. A realidade nua e crua é que a maioria dos que estão vivos hoje não são capazes de esboçar o ciclo global da água, não sabem como nem por quem as fontes de água de que dependem são utilizadas e não sabem sequer de onde vem sua água. Sem esse conhecimento, não têm condições de contribuir, de nenhum modo significativo e produtivo, para uma democracia hídrica centrada no cidadão.

O Fórum Econômico Mundial, em sua avaliação global da escassez de água, explicou-a assim: "Estamos agora à beira da falência hídrica em muitos lugares, sem ter como pagar essa dívida" (WEF, 2009). Essa alusão à contabilidade financeira é muito adequada. Como discutiremos no próximo capítulo, resolver o problema da falta de água começa com o aprendizado de como equilibrar nosso balanço hídrico.

dois

Como avaliar o balanço hídrico

ALGUNS ANOS ATRÁS, pediram-me que participasse de uma mesa-redonda numa conferência nacional sobre escassez de água. Um dos colegas participantes era agricultor na Flórida e, depois de escutar muitas apresentações, ele obviamente ficou ansioso para falar. E proclamou, com confiança, que escassez de água não existe. Afirmou que conceitos como esgotamento da água são falácias: "Só pegamos a água emprestada por um pequeno período, e com o tempo tudo volta".

Levei algum tempo para digerir e compreender o que ele queria dizer, mas logo percebi que, em vez de falar de alguma situação local específica, ele se referia ao ciclo global da água. Na escola nos ensinam que a água do oceano evapora e forma nuvens; as nuvens então soltam a água na terra, onde ela volta a evaporar, penetra no solo, acumula-se em lagos ou corre em rios rumo ao oceano. Em seu caminho, consumimos parte dessa água, e quando o restante acaba voltando ao oceano o ciclo se completa. Quando a água é vista dessa maneira, o agricultor está absolutamente certo: pegamos a água emprestada, e ela volta. Na verdade, nosso planeta não perdeu nenhuma água doce em milênios. Ela não para de circular no ciclo planetário, muitas e muitas vezes.

Dando um passo a mais nesse ponto de vista que considera a Terra toda, o agricultor também está certo quando afirma que não temos falta de água – pelo menos, não uma falta *global*. Todos os empreendimentos humanos –

cidades, indústrias, agropecuária – usam hoje apenas 12% de toda a água que corre continuamente para e por rios, lagos e aquíferos do planeta (Molden, 2007). E toda a água que usamos acaba voltando aos rios, ao céu ou ao oceano.

Mas, como lhe dirá quem mora perto dos reduzidíssimos rios Colorado, Jordão e Cauvery, não importa que haja muita água correndo no Amazonas, no Yukon ou no Congo. A água desses rios não pode ser usada para resolver a falta de água *deles*, que não podem se dar ao luxo de levá-la para o Arizona, o Oriente Médio ou a Índia de navio nem com adutoras, mesmo que tivessem direito legal a isso. A civilização humana e as grandes cidades do mundo cresceram à margem de grandes rios e lagos por uma razão bem básica: precisamos de água doce diariamente, a uma distância fácil ou viável de percorrer. Nesse sentido, a escassez de água pode ser definida como uma condição que surge quando há água insuficiente disponível a custo razoável para atender às necessidades humanas e manter a saúde dos ecossistemas de água doce. Necessariamente, isso incluirá deixar parte da água em paz para correr no rio ou permanecer no lago ou aquífero.

A escassez de água não é global em sua expressão física; ela é altamente localizada. A maioria dos lugares do mundo não sofre escassez grave ou regular de água neste momento. No entanto, as comunidades que usam a água dos rios Colorado, Jordão e Cauvery e de centenas de outros rios e aquíferos muito exigidos em todo o mundo passam muita dificuldade por duas razões simples: (1) vêm consumindo a água disponível mais depressa do que ela é regularmente reposta com chuva e neve e (2) faltam-lhes restrições ou controles regulatórios ou estão sobrecarregados demais com a luta cotidiana para evitar que isso aconteça. Neste capítulo abordarei a primeira parte desse problema e no Cap. 4 começarei a discutir as opções de governança hídrica.

É importante reconhecer que o acesso insuficiente à água também pode ser causado por desigualdades sociais na distribuição da oferta hídrica, falta de permissão de acesso a determinadas fontes, incapacidade de pagar pela água ou poluição que torna imprestável a água das fontes. Esses impedimentos biológicos, sociais, jurídicos e econômicos ficam para os próximos capítulos, enquanto me concentro aqui na escassez física.

2.1 Gestão da conta de água

A gestão de fontes de água com vistas à sustentabilidade a longo prazo exigirá contabilidade e entendimento precisos de quanta água há disponível e de como ela é usada. Sua conta bancária pessoal é uma analogia útil para entender a escassez de água. Como na água do ciclo global, para você não importa que haja trilhões de dólares circulando na economia global. Você só se importa com o montante que passa por sua conta bancária.

O correspondente hídrico de sua conta bancária é uma bacia hidrográfica ou aquífero (ver Figs. 2.1 e 2.2). A água a que você recorre na vida cotidiana vem dessas fontes. Quando a chuva ou a neve cai do céu e chega à terra, alguma água penetra profundamente no solo e acaba num aquífero subterrâneo. Outra parte escoa pela terra até um rio ou lago. A área de drenagem terrestre até um rio ou lago específico forma a bacia daquele corpo de água. Acumulada em um aquífero ou bacia hidrográfica, a água se torna disponível para uso. Essa é sua conta de água.

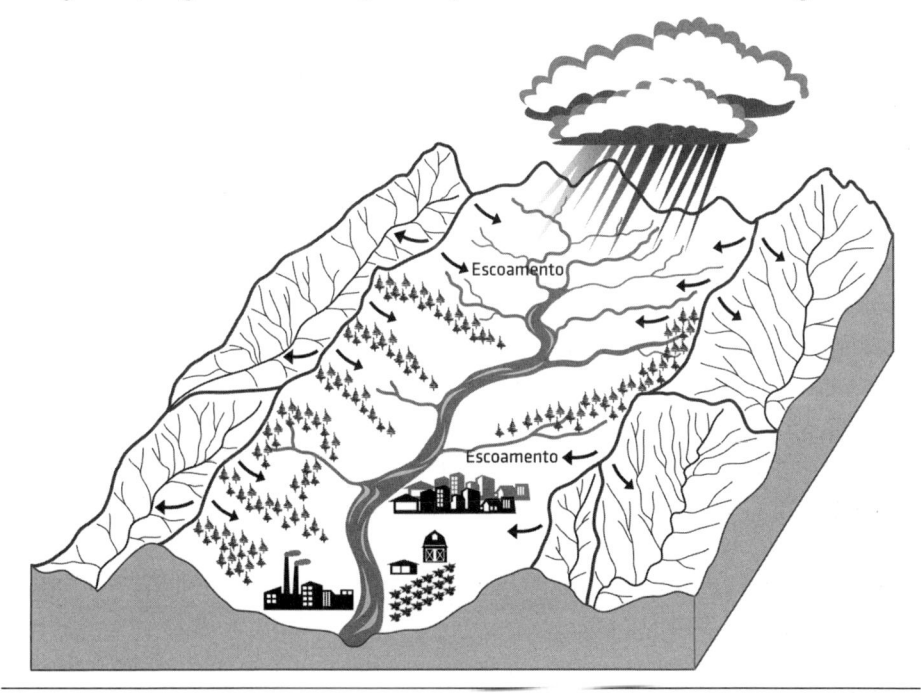

FIG. 2.1 *A bacia hidrográfica é a área terrestre onde há drenagem para um ponto específico, como um lago, um oceano ou um local ao longo de um rio. Por exemplo, se você estiver na margem de um rio, a bacia hidrográfica de sua localização se compõe da área cuja água escoa até aquele ponto. A água da chuva ou da neve que cai em qualquer ponto de uma bacia hidrográfica se desloca de forma descendente (como escoamento) e parte dela acaba chegando à sua localização. Pelo caminho até onde você está, parte da água evapora e parte é usada pela vegetação ou em atividades humanas. Seis bacias hidrográficas diferentes estão representadas nessa figura*

Para administrar sua conta bancária de maneira sustentável, sempre é preciso evitar gastar mais do que é depositado. Para isso, é preciso manter uma contabilidade minuciosa de todos os depósitos e despesas e limitar os gastos dentro do orçamento. O mesmo acontece com aquíferos e bacias hidrográficas.

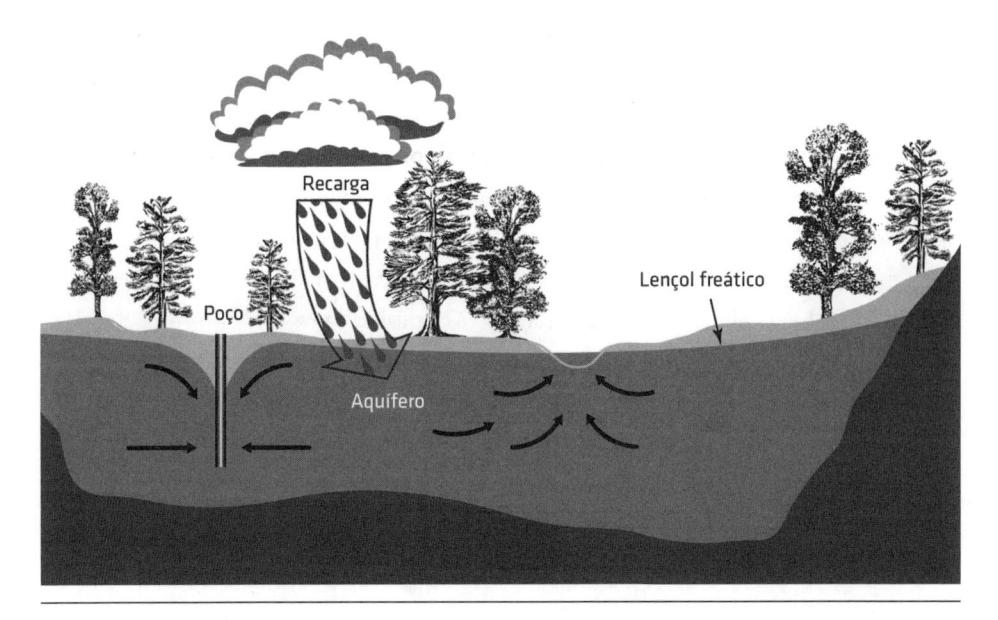

Fig. 2.2 *Um aquífero é uma bacia subterrânea que contém água. Essa água pode ser extraída por meio de poços e bombas e vem da chuva ou da neve derretida que penetra no solo. A água se acumula em alguns aquíferos há milhares ou milhões de anos. Em alguns ambientes geológicos, como as formações calcárias, ela se acumula em canais e cavernas subterrâneas. Entretanto, é mais comum que se acumule em sedimentos enterrados ou rochas porosas; pense numa piscina cheia de areia com água saturando a areia até determinado nível. O nível de água num aquífero é o chamado lençol freático. Quando a água do aquífero é consumida mais depressa do que o recarregamento, o lençol freático baixa, às vezes tanto que os poços não alcançam mais a água ou fica caro demais bombear essa água muito profunda*

Ao contrário da conta bancária pessoal, a conta de água é dividida por muita gente. Isso significa que a gestão da conta de água exigirá regras que orientem o uso da conta por todos. Como será discutido no Cap. 4, essas regras podem ser impostas unilateralmente pelo governo, decididas em diálogos comunitários ou estabelecidas com alguma combinação de abordagens. Do mesmo modo, a imposição de regras pode acontecer de várias maneiras.

2.2 O VOCABULÁRIO DO BALANÇO HÍDRICO

Antes de ilustrar outros princípios do balanço hídrico com exemplos reais, é preciso definir alguns termos importantes utilizados na linguagem da Hidrologia e dos balanços hídricos e que são apresentados na Fig. 2.3.

A chuva e a neve são depósitos naturais na conta de água e chamadas de oferta natural ou renovável (a água também pode ser importada de outros aquíferos ou bacias hidrográficas, sendo essas transferências entre bacias de água abordadas no Cap. 3). A extração da água de uma fonte, como um rio, lago ou aquífero, chama-se *retirada*. Depois da retirada, a água é usada em fazendas, cidades ou indústrias e parte dela escoa da fazenda ou pelos ralos e volta à fonte original como *vazão de retorno*. A porção da água usada que não retorna à fonte é considerada de *uso consuntivo*, isto é, é perdida ou eliminada da conta de água.

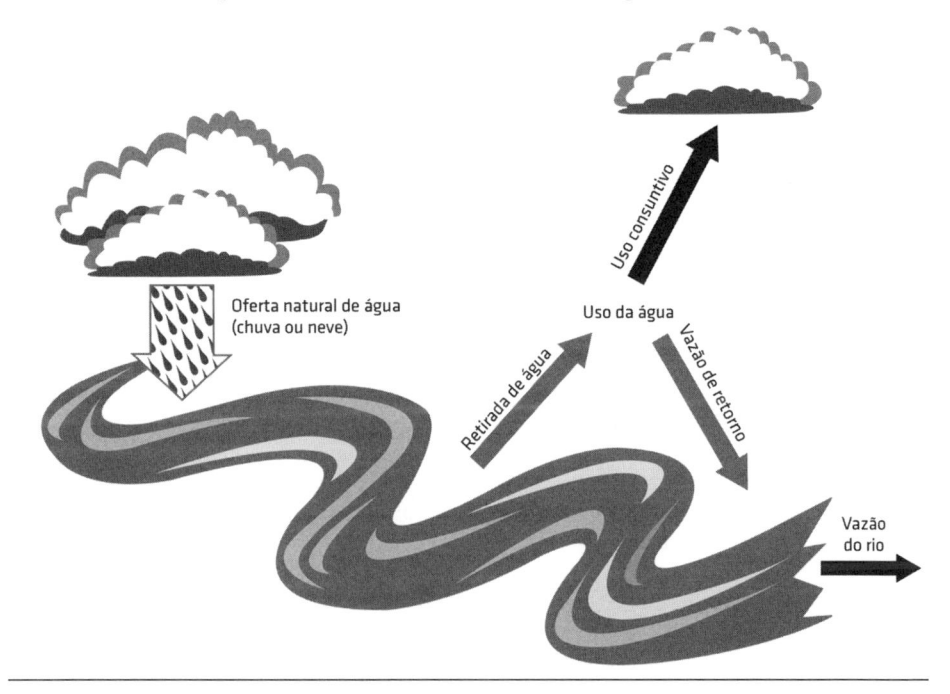

FIG. 2.3 *A fonte suprema de toda água encontrada em rios, lagos e aquíferos é a precipitação (chuva ou neve). Quando uma fonte como um rio é usada com propósitos humanos, a água é retirada por meio de bombas, tubos, canais ou poços e empregada em lares, empresas, indústrias e fazendas. Depois de utilizada, parte da água retorna à fonte original como vazão de retorno. Outra parte é usada de forma consuntiva, como na evaporação ou na absorção pelas plantas. Essa água consuntivamente utilizada não está mais disponível para uso local subsequente nem para sustentar ecossistemas de água doce*

Ao montar o balanço hídrico de uma fonte de água específica, é muito importante prestar atenção à água que se desloca entre as fontes. Muitas cidades retiram água de uma fonte de água doce, mas a devolvem a outra fonte de água doce ou ao oceano. Toda água que não é devolvida à fonte original é considerada de uso consuntivo (eliminada) em relação à fonte original. Isso é ainda mais verdadeiro quando se usa água subterrânea, que raramente retorna ao aquífero depois de usada. O balanço hídrico de aquíferos e bacias hidrográficas deve ser calculado de forma independente, mesmo quando os dois estão na mesma região geográfica, sendo preciso contabilizar toda troca entre eles.

No cálculo do balanço hídrico, as retiradas, o uso, a vazão de retorno e o uso consuntivo de água costumam ser acompanhados de várias subcontas, isto é, tipos de uso. Embora seja possível definir várias delas, as quatro categorias mais utilizadas são agricultura irrigada, uso doméstico (residencial ou profissional), uso industrial e geração de eletricidade. Esses diversos tipos de emprego da água usarão de forma consuntiva porções diferentes do volume de água retirada.

O uso consuntivo de água na agricultura, por exemplo, costuma representar de 50% a 60% do volume retirado, e os 40% a 50% restantes voltam à fonte como vazão de retorno (Tab. 2.1; ver também Fig. 2.3). A perda consuntiva de água na agricultura é causada pela evaporação no solo, nas folhas das plantas ou em canais, pela absorção das plantas e sua transpiração (evaporação) ou pela penetração profunda da água no solo, tornando-a indisponível para uso subsequente. Ao contrário da irrigação por inundação, em que o campo é completamente inundado com água, práticas de irrigação altamente eficientes, como a irrigação por gotejamento, empregam tubos e canos plásticos para aplicar água apenas na vizinhança das plantas. Assim, perde-se menos água com a evaporação e, portanto, menos água precisa ser retirada da fonte. No entanto, praticamente toda a água aplicada em práticas de irrigação de elevada eficiência será de uso consuntivo.

Em média, de 10% a 30% da água utilizada com fins domésticos será perdida consuntivamente, ainda que essa perda possa chegar a 50% a 70% caso muita água seja empregada para irrigar jardins ao ar livre. As indústrias usam de forma consuntiva de 5% a 20% da água que retiram, e a maioria das usinas elétricas utiliza consuntivamente apenas 2% a 5% da água retirada. Pensemos em fazendas, cidades e fábricas como imensas máquinas de circulação de água: cada uma delas absorve certo volume, mas depois, em geral, devolve o que sobra após o uso.

Em geral, a água que retorna à fonte depois do uso estará extremamente contaminada com nutrientes e outras substâncias químicas ou sobrecarregada de sedimentos ou material orgânico. Isso pode deixar a água inaproveitável para uso subsequente e insalubre para peixes e outras espécies aquáticas. Em termos técnicos, essa água não foi consuntivamente usada nem saiu da conta de água local caso seja factível reutilizá-la, mas sua limpeza pode ser caríssima. Esse é um problema muito grave em algumas regiões em desenvolvimento, onde até 90% da água retornada não recebe limpeza nenhuma.

Para entender como uma fonte de água se esgota, é preciso contabilizar retiradas e uso consuntivo da água. Depois de compreender como a oferta de água disponível se reduz com o uso consuntivo, é possível criar estratégias eficazes para complementar a água remanescente com a utilização de outras fontes ou reduzir o volume de uso consuntivo, como será discutido no Cap. 3. Também será preciso examinar o volume de água adicional que se quer ou se precisa retirar e avaliar se restará água suficiente para permitir as retiradas necessárias.

Tab. 2.1 COMPARAÇÃO ENTRE RETIRADAS E USO CONSUNTIVO DA ÁGUA

	Volume de retiradas (em bilhões de metros cúbicos, BMC)	Total de retiradas (%)	Volume de uso consuntivo (BMC)	Uso consuntivo total (%)
Uso de água nos Estados Unidos				
Uso doméstico	57	10	33	25
Uso em indústrias e mineração	57	10	5	4
Geração de eletricidade	278	49	7	5
Uso em agricultura irrigada e pecuária	176	31	88	66
Total	568	100	133	100
Uso de água global				
Uso doméstico	380	10	42	4
Uso em indústrias e mineração (incluindo a geração de eletricidade)	780	21	38	4
Uso em agricultura irrigada e pecuária	2.600	69	945	92
Total	3.760	100	1.025	100

Fonte: U. S. Geological Survey, Departamento de Agricultura dos Estados Unidos, Instituto para a Educação Hídrica (Unesco-IHE) e Electric Power Research Institute. Veja mais detalhes nos Agradecimentos.

Por exemplo, suponhamos que num rio corram cem unidades de água. Os agricultores ao longo do rio usam consuntivamente 60 unidades dessa água e deixam apenas 40 correrem a jusante, das quais 30 têm de ser deixadas no rio para sustentar peixes e outras formas de vida aquática e para diluir resíduos (de fábricas ou fazendas) que estão sendo levados pelo rio. Portanto, só restam dez unidades para uso humano adicional. Uma usina termelétrica no baixo curso do rio precisa retirar e utilizar 20 unidades para resfriamento. Embora a usina só vá perder consuntivamente, por evaporação, duas unidades de água retirada, não resta no rio água suficiente para satisfazer a necessidade de retirada (isto é, ela precisa de 20 unidades para resfriamento, mas só há dez disponíveis).

A Fig. 2.4 ilustra o modo apropriado de encarar as retiradas e o uso consuntivo de água quando se tenta resolver a escassez ou a recorrente falta de água num lugar específico, como uma fazenda ou cidade. É preciso primeiro olhar a montante ou examinar os outros usuários do aquífero e considerar quanta água está sendo usada de forma consuntiva. Isso ajudará a entender por que, às vezes ou sempre, ela é escassa naquele local. Depois, deve-se examinar quanta água é preciso retirar e usar e verificar se (ou com que frequência) deixará de haver água suficiente para atender às necessidades. Quando a água disponível é insuficiente no local para atender às necessidades, é preciso considerar qual das três opções seguintes é mais factível ou desejável: (1) é possível trabalhar com os usuários a montante ou do mesmo aquífero para reduzir a quantidade de água que está sendo usada de forma consuntiva? (2) É possível reduzir o volume de água que é preciso retirar e usar no local? (3) É possível suplementar de algum modo o volume de água disponível, trazendo água de fora da bacia hidrográfica ou aquífero local?

Como mostra a Tab. 2.1, o uso de água com fins domésticos, comerciais, industriais ou de mineração costuma ser responsável por uma fração pequena da retirada total de água da maioria das fontes e por uma fração ainda menor da água utilizada de forma consuntiva. Embora retirem e consumam grande volume de água, as usinas elétricas representam uma fração minúscula (cerca de 3% a 5%) de todo o uso consuntivo. Na maioria dos países, a agricultura irrigada é que retira e emprega de forma consuntiva o maior volume de água.

Esses números lançam luz sobre as tensões que crescem rapidamente entre usuários de água urbanos e rurais. O uso urbano de água (com finalidade doméstica, comercial e industrial), apesar de ser responsável por uma parte pequena do consumo total de água na maioria dos lugares com dificuldade hídrica, costuma crescer muito mais depressa do que o uso agrícola. A necessidade de mais água em cidades e indústrias conflita com a realidade de a agricultura já estar utilizando consuntivamente a maior parte da oferta de água renovável. Uma das opções disponíveis a cidades ou indústrias que queiram mais acesso à água é encontrar maneiras de trabalhar com os agricultores para dividir a oferta limitada. Em última análise, em muitos locais os riscos econômicos, sociais e ambientais ligados à escassez de água não podem ser adequadamente diminuídos sem a redução do volume de água usado consuntivamente pela agricultura.

Embora os dados norte-americanos e globais da água apresentados na Tab. 2.1 deem uma ideia da finalidade geral da água retirada e usada consuntivamente, as causas subjacentes da escassez só podem ser entendidas com o exame da situação específica de cada aquífero ou bacia hidrográfica. É possível desenvolver estratégias eficazes para aliviar a falta de água com o uso de informações locais precisas, como ilustramos aqui com alguns exemplos do mundo real.

FIG. 2.4 *Para entender por que ocorre falta de água em determinado local, é importante examinar primeiro quanta água é usada de forma consuntiva a montante e avaliar se é possível reduzir esse consumo. Também é importante verificar como a água é utilizada no local de retirada e avaliar se essa necessidade pode ser reduzida*

2.3 O rio Colorado: sobreaproveitado e seco

O rio Colorado, no oeste dos Estados Unidos, exemplifica de modo revelador a falência hídrica. Como observado no Cap. 1, o rio não chega mais ao delta natural, no golfo da Califórnia, porque toda a água é consuntivamente usada antes de alcançar o mar.

Em média, quase 170 bilhões de metros cúbicos (BMC) de água caem anualmente do céu, na forma de chuva ou neve, sobre a bacia hidrográfica do rio Colorado. Cerca de apenas 12% dessa precipitação, aproximadamente 20 BMC, chega ao rio e seus afluentes, e o resto evapora ou é usado pela vegetação antes de atingir o sistema fluvial (USBR, 2012). Ao mesmo tempo, os usuários de água que dependem do rio Colorado (fazendas, cidades, indústrias, minas, usinas elétricas) retiram dele mais de 30 BMC, em média. Pode-se perguntar: como se retira do rio mais água do que há disponível?

Nesse caso, a disparidade entre oferta e retirada de água pode ser explicada pela vazão de retorno. Boa parte da água retirada do rio é devolvida depois do uso e, portanto, torna-se disponível para outros usuários a jusante. Por essa razão, o rio consegue suportar muito mais retiradas e uso de água do que parece disponível. Em muitas bacias hidrográficas, uma parte da vazão de retorno chega até a embocadura do rio, mas não é o que acontece com o Colorado, em que cada gota é usada consuntivamente antes de alcançar o delta.

Esse exemplo do rio Colorado ilustra muito bem por que é tão importante prestar atenção ao uso consuntivo, além das retiradas de água, ao avaliar a escassez. Infelizmente, a maioria dos cálculos de uso de água só oferece estimativas de retirada, e não de uso consuntivo. Até 1995, o Serviço Geológico dos Estados Unidos (U. S. Geological Survey) declarava retiradas e consumo, mas, por causa de restrições orçamentárias, nos últimos anos deixou de divulgar o consumo de água. A figura 7 do seu relatório de 1995 (Solley; Pierce; Perlman, 1998) é um dos gráficos sobre água mais úteis que já vi, mas hoje está desatualizado.

Tais estimativas de retirada de água podem criar um quadro muito enganoso da escassez hídrica, porque indicam que muito mais água é eliminada da fonte de água doce do que acontece na realidade. Na bacia hidrográfica do rio Colorado, olhar apenas as estimativas de retirada daria a ideia de que se tiram do rio 50% mais água do que existe, o que naturalmente é impossível.

A Fig. 2.5 mostra o volume de água retirado, usado consuntivamente e devolvido nas maiores categorias de uso do rio Colorado. Como é típico na maioria dos rios e aquíferos sob tensão hídrica, a agricultura da bacia é responsável pela maior parte da água retirada do rio. Um terço da água usada em fazendas volta ao rio como vazão de retorno. Os dois terços restantes são absorvidos pelas plantações e permitem seu crescimento ou evaporam do solo e dos canais de irrigação. Em consequência, a agricultura é responsável por mais da metade de toda a água do rio Colorado usada consuntivamente (os termos *consuntivamente usada, consumida* e *esgotada* serão utilizados de forma intercambiável no resto do livro).

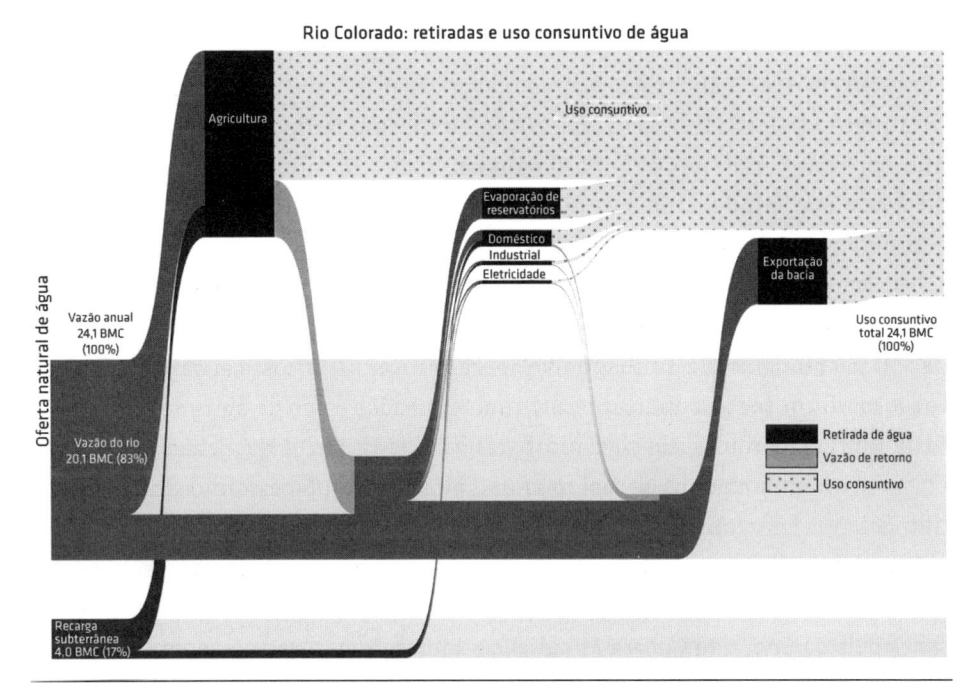

FIG. 2.5 *Este diagrama mostra a oferta natural de água, o uso, a vazão de retorno e a perda consuntiva de água na bacia hidrográfica do rio Colorado. A extremidade esquerda do diagrama indica o volume médio de água do rio e dos aquíferos subterrâneos renovado anualmente pela chuva e pela neve. Essa água é retirada e utilizada com várias finalidades, sendo parte dela usada consuntivamente (eliminada) e parte devolvida ao rio após o uso. Antes de chegar ao delta do rio, no México, toda a água é consumida*

Fonte: adaptado de ilustração original de Jason Pearson, do TruthStudio, com base em dados do U. S. Geological Survey e do Bureau of Reclamation.

Os balanços hídricos, como o ilustrado na Fig. 2.5 para o rio Colorado, podem ser muito úteis para identificar estratégias para seu reequilíbrio. No Cap. 3, serão descritas as estratégias mais usadas para aumentar a oferta de água ou reduzir a perda consuntiva. Em ambientes com escassez de água, sempre faz sentido procurar maneiras de reduzir as perdas consuntivas nas maiores categorias de consumo como parte da estratégia geral para aliviar a escassez. Como indicado na figura, a redução do uso consuntivo na agricultura merece séria consideração na bacia hidrográfica do rio Colorado, uma vez que é a maior categoria de esgotamento da água. Além disso, um quarto do rio é desviado para fora da bacia (ver "exportação da bacia" na figura) para atender à necessidade hídrica de cidades distantes, e, assim, qualquer redução da utilização de água nessas cidades também reduz a necessidade de exportação.

2.4 O aquífero de Ogallala: o estouro do balanço subterrâneo

O aquífero de Ogallala, nas Grandes Planícies americanas, é um dos maiores do mundo, estendendo-se por uma área de 450.000 km² e abarcando oito Estados do centro dos Estados Unidos (Fig. 2.6) (Gutentag et al., 1984; McGuire, 2011). Esse aquífero é um imenso reservatório de areia e lodo depositado milhões de anos atrás, quando a erosão e os sedimentos das montanhas rochosas foram arrastados ou soprados para antigos vales, enchendo-os em profundidade de mais de 400 m em alguns pontos. Mais tarde, esse reservatório de terra se encheu de água, com um pico de recarga na última glaciação, e criou-se um depósito de água subterrâneo que, em alguns lugares, tem mais de 300 m de profundidade.

Os primeiros colonos se esforçaram muito para plantar no semiárido das Grandes Planícies, onde a média anual de precipitação varia de 300 mm no oeste a 800 mm nas áreas a leste que ficam sobre o aquífero. Mas, como em muitas outras partes do mundo, a disponibilidade de bombas elétricas baratas e eficientes depois da Segunda Guerra Mundial possibilitou o acesso ao vasto estoque de água subterrânea do Ogallala. A irrigação agrícola com água subterrânea se espalhou rapidamente por quase 60.000 km² sobre o aquífero de Ogallala, cerca de um quinto de toda a terra agrícola dos Estados Unidos, e criou uma das áreas rurais mais produtivas do mundo para o cultivo de milho, trigo e soja e para a pecuária.

Mas hoje os agricultores das Grandes Planícies sofrem uma falência hídrica gravíssima, porque usam bombas para retirar a água do aquífero com rapidez dez vezes maior do que sua recuperação. O volume de água depositado no Ogallala é muito limitado, já que a maior parte da pouca precipitação que cai sobre a terra evapora muito depressa. Apenas uma fração minúscula da precipitação penetra até o aquífero. A recarga anual resultante varia de quase nada no sul a apenas 15 mm ao norte. Com depósitos de água tão pequenos, é fácil ver por que o aquífero está se esgotando.

Ao contrário da situação de rios como o Colorado, pouquíssima água retirada dos aquíferos retorna após o uso. A água bombeada de um aquífero pode escoar pelos campos ou pelo sistema de drenagem urbano, mas em geral acaba num rio em vez de voltar ao aquífero. No balanço hídrico deste, toda água que não retornar será considerada consuntivamente usada em relação ao aquífero. A perda consuntiva de água fez o nível do aquífero de Ogallala cair, em geral, mais de 1,5 m por ano e mais de 70 m em alguns lugares.

Aquífero de Ogallala: mudança do nível de água desde antes do aproveitamento até 2011

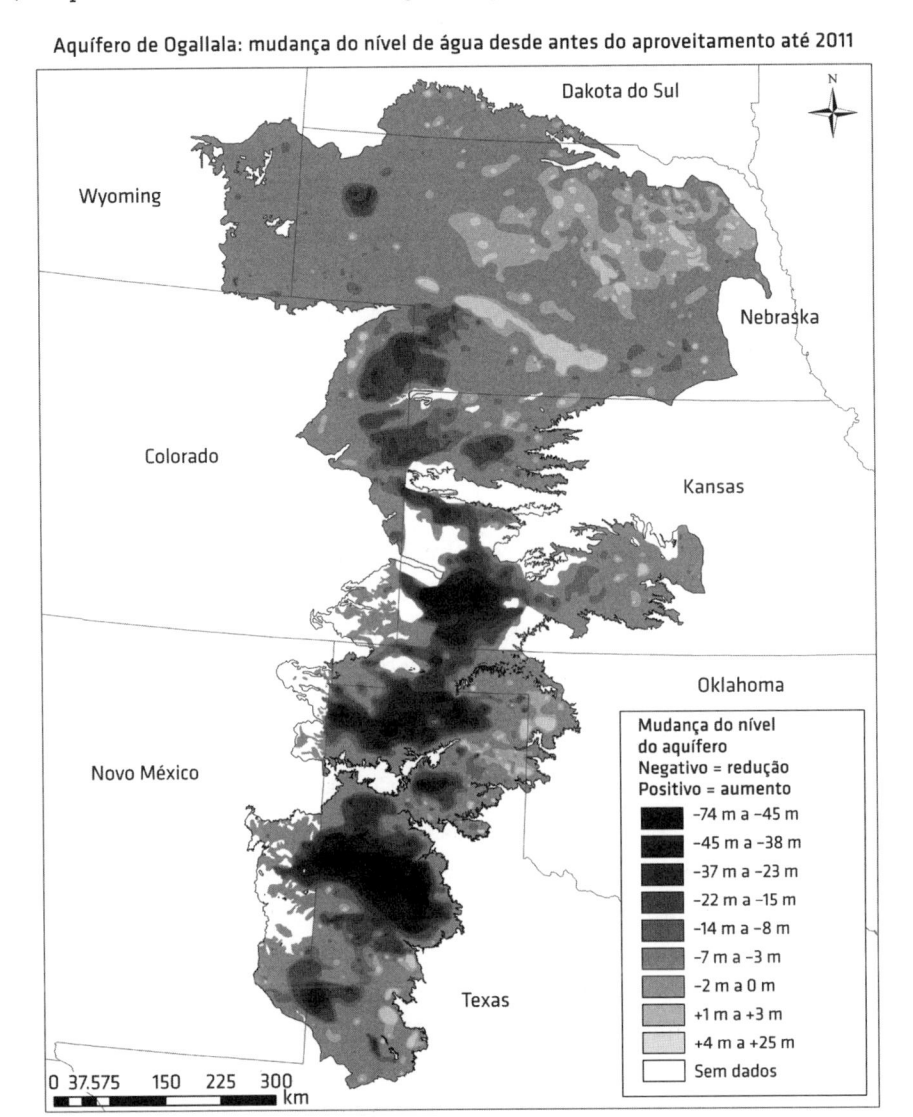

FIG. 2.6 *Mudança do nível de água do aquífero de Ogallala desde antes do aproveitamento até 2011*
Fonte: baseado em dados de U. S. Geological Survey.

No total, esse aquífero perdeu menos de 10% de seu volume de água desde a década de 1950. Isso pode não parecer um grande problema, mas aí é que está: conforme o nível do aquífero cai, o custo da eletricidade necessária para bombear a água até os campos aumenta acentuadamente. Muitos agricultores da região não podem mais custear a irrigação. Para eles, a água do aquífero de Ogallala está tão fora de alcance quanto a do rio Congo.

Como 95% da água bombeada do Ogallala vai para a agricultura irrigada, obviamente é preciso procurar nela as soluções para o saldo negativo do aquífero. Não há como impedir o declínio do nível de água sem reduzir substancialmente a agricultura irrigada. Muitos agricultores da região começaram a utilizar tecnologias e práticas que aproveitam a água com mais eficiência, reduzindo a retirada em 20% ou mais, porém, considerando que o nível atual de bombeamento ainda excede em demasia o ritmo de recarga do aquífero, a pergunta não é se o aquífero vai se esgotar, mas com que rapidez.

2.5 Cuidado com as médias

A contabilidade hídrica apresentada para o rio Colorado e o aquífero de Ogallala se baseia em médias a longo prazo; esse método homogeneíza os depósitos, retiradas e usos consuntivos, que, na realidade, podem variar muito a cada mês ou ano. Os depósitos na conta de um aquífero ou bacia hidrográfica não são fixos como os depósitos regulares de um salário. Na verdade, eles se parecem mais com a renda irregular de um consultor autônomo, que pode variar consideravelmente com o tempo, dependendo da carga de trabalho.

De volta à analogia com a conta bancária, quando a renda (ou precipitação) é alta, talvez se consiga poupar um pouco para a época seca. Por isso se construíram imensos reservatórios de água no rio Colorado, como o lago Mead, que, sozinho, consegue armazenar o equivalente a dois anos de vazão total do rio. Mas quando há um período ruim, com menos renda ou precipitação, se não existir uma poupança haverá muita dificuldade.

A maioria dos usuários que sofrem com a falta de água consegue atravessar sem problemas os anos chuvosos ou normais. Mas nos anos secos ou durante secas prolongadas surgem problemas graves, porque, assim como na conta bancária da família, pode ser dificílimo reduzir rápida e suficientemente o consumo de água para evitar a falência. Em alguns casos, comunidades que não conseguem tirar mais água de seus rios passam a bombear a água dos aquíferos ou a importá-la de outras bacias hidrográficas. Mas, em muitíssimos casos, a simples troca de fonte de água sem restrição do uso consuntivo geral só faz transferir a falência hídrica para outro lugar. Por exemplo, após secar o rio de mesmo nome e esgotar o aquífero local, Los Angeles começou a secar também o lago Mono e o rio Sacramento, no norte da Califórnia. Depois que cidades e agricultores do norte da China esgotaram tanto o rio Amarelo quanto o aquífero sob a planície da China setentrional, a água teve de ser importada da bacia do rio Yang-tsé, centenas de quilômetros ao sul, a um custo de mais de US$ 60 bilhões.

2.6 Planejamento do futuro hídrico seguro

Faz muito sentido elaborar um plano de longo prazo para assegurar tranquilidade financeira. Para isso, é preciso prever mudanças de renda a curto e longo prazos e calcular a média de gastos, além de prever compras maiores ocasionais, como a de um carro. Também é bom fazer alguma poupança para evitar a falta caso haja mudanças inesperadas da renda ou das despesas.

Esses princípios financeiros sensatos são igualmente pertinentes no planejamento hídrico. Tem importância específica a projeção da mudança da demanda de água das fontes disponíveis, devido ao crescimento populacional, à expansão da área agrícola ou ao maior desenvolvimento industrial ou energético. Também possui importância fundamental compreender a variabilidade provável ou a tendência de disponibilidade de água, principalmente dadas as previsões de mudança climática com alteração substancial da precipitação ou da evaporação em muitas regiões. Por exemplo, os climatologistas preveem hoje que a vazão do rio Colorado pode reduzir de 5% a 20% nas próximas décadas, indicando dificuldades ainda maiores para aliviar a escassez de água nessa bacia hidrográfica.

O volume de chuva e neve também pode variar consideravelmente entre as estações e os anos. O planejamento hídrico deve prever explicitamente estratégias para equilibrar o balanço hídrico quando houver mais ou menos água depositada na conta.

2.7 A herança dissipada

Se a fonte de água for um rio e o uso consuntivo chegar ao nível em que o rio é realimentado pela precipitação e pelo escoamento da bacia, esse rio secará e não haverá mais água para usar. Nesse sentido, há um limite físico máximo para o volume de uso consuntivo potencial a cada ano. Continuará a vir água da precipitação, mas não se pode consumir mais do que se recebe sem esgotar o rio.

A situação é bem diferente quando a fonte de água é um aquífero ou lago grande. O nível de uso consuntivo de um aquífero ou lago pode exceder consideravelmente o nível de realimentação por um tempo bastante longo antes que os usuários enfrentem dificuldades. Isso acontece porque aquíferos e lagos armazenam muita água. É como ter uma poupança no banco à qual se possa recorrer depois de gastar todo o dinheiro da conta-corrente.

Não há sinal mais revelador da má gestão crônica e generalizada das contas de água de nosso planeta do que o atual esgotamento de lagos e aquíferos. Boa parte dessa água se acumulou durante milhares de anos, como uma herança de muitas gerações passadas, e agora a estamos esgotando em questão de décadas. É como queimar a própria casa para se manter aquecido mais algum tempo.

Os modeladores globais da água estimaram que hoje esgotamos os aquíferos do planeta a um ritmo de mais de 200 km³ por ano. Isso é bem mais do que todo o volume do lago Tahoe, nos Estados Unidos, ou do Mar Morto, no Oriente Médio, aproximadamente o mesmo volume de todo o lago Turkana, no Quênia, ou do lago Argentino, na Argentina, ou cerca de metade do volume do lago Erie, na América do Norte. *Estamos esgotando tudo isso a cada ano.*

Por falar de lagos, também estamos esgotando rapidamente muitos deles. Em menos de 50 anos, praticamente todo o Mar de Aral, que já foi o décimo segundo maior lago do mundo, secou quando a antiga União Soviética tentou cultivar arroz, melão e algodão no deserto que circunda o lago. Assim como no esgotamento gradual de uma herança financeira ou conta de poupança, durante algum tempo podemos gastar mais do que depositamos, consumir mais água do que é reposta. Mas no fim o nível de água no aquífero excessivamente bombeado cai tanto que não podemos mais pagar a eletricidade necessária para retirá-la de tamanha profundidade, ou a margem do lago excessivamente usado recua tanto que os atracadouros e canais de irrigação ficam secos e altos demais.

No idioma hindi, o termo usado para descrever *dinheiro* depende da fonte dos recursos. *Aap kamai é renda própria, mas heranças são baap kamai.* Segundo um ditado hindi, deve-se limitar os gastos à renda própria e não usar o patrimônio herdado, senão a falência logo surgirá.

Essa filosofia se aplica muito bem à água. O próximo capítulo descreve as abordagens mais usadas para equilibrar o balanço hídrico, seja com o aumento da oferta, seja com a redução do uso consuntivo. Não há uma mistura perfeita de estratégias de oferta e demanda; na verdade, as abordagens disponíveis têm de ser ajustadas sob medida a cada conta de água.

três

Opções para resolver a falência hídrica

Quando o ano de 2012 chegava ao fim, o Bureau of Reclamation, órgão norte-americano de recuperação de solos, publicou o resultado de um estudo abrangente da bacia hidrográfica do rio Colorado, no oeste dos Estados Unidos. O relatório final do estudo de oferta e demanda de água da bacia do rio Colorado resumia mais de 150 ideias para equilibrar o balanço hídrico do rio. Uma dessas ideias ocupou as manchetes do país inteiro: o plano de construir uma adutora de 1.000 km do rio Missouri a Denver.

Os defensores da adutora argumentavam que o projeto de importação de água recomporia as bacias hidrográficas e os aquíferos usados em excesso em sua extensão e aliviaria a pressão sobre o rio Colorado com uma oferta alternativa de água a cidades como Denver, extremamente dependentes da importação transmontana de água da bacia hidrográfica do Colorado.

Para muitos, a proposta trouxe lembranças de um plano grandioso chamado aliança norte-americana de água e força (*North American Water and Power Alliance*, NAWAPA). Concebido na década de 1960 pela Ralph M. Parsons Corporation, gigantesco escritório de engenharia com sede na Califórnia, esse plano previa o desvio da água dos rios do Alasca para levá-la para o sul, através do Canadá, até o ressequido sudoeste americano. O sistema proposto para o transporte e o armazenamento de água se estenderia por mais de 3.000 km e exigiria centenas de obras separadas, a um custo total de US$ 100 bilhões. De acordo com os proponentes, o projeto dobraria a quantidade total de água doce disponível para os 48 Estados do país e resolveria para sempre os problemas de falta de água do oeste dos Estados Unidos.

O NAWAPA nunca foi construído, mas sua ousadia inspirou claramente os engenheiros chineses, muitos dos quais estudaram em faculdades norte-americanas. Conforme rios e aquíferos da planície da China setentrional, o celeiro da China, foram se esgotando cada vez mais na segunda metade do século XX, os engenheiros chineses começaram a implementar a ideia de décadas atrás do presidente Mao Tsé-tung de transportar a água da região sul da China para o norte, muito mais seco, onde fica a maior parte da agricultura do país. A transferência de água será realizada com um trio de adutoras de grande volume e longa distância. Atualmente, os chineses investem US$ 62 bilhões na construção desse sistema, conhecido como Projeto de Transferência Hídrica Sul-Norte, para transportar por milhares de quilômetros a água do rio Yang-tsé até fazendas e cidades do norte com escassez de água. Como noticiou o *New York Times* em 2011, "seria como canalizar a água do rio Mississippi para atender à necessidade de Boston, Nova York e Washington" (Wong, 2011).

Transportar água por grandes distâncias será a solução da escassez?

Os sauditas adotaram um caminho diferente. O país é o maior investidor do mundo em tecnologia de dessalinização, usada para remover o sal da água do mar e transformá-la em água doce. Depois de reduzir demasiadamente seus aquíferos subterrâneos na segunda metade do século XX para cultivar trigo, até 2009 os sauditas já haviam construído 30 usinas de dessalinização. Elas são responsáveis por metade da oferta de água doce do país e constituem metade da capacidade total de dessalinização do mundo.

Remover o sal da água do mar será a solução da escassez de água doce?

A solução "certa" para o problema de falta de água de qualquer comunidade dependerá de diversos fatores: custo, impacto ambiental, gasto de energia, propriedade da terra e outras considerações. São muito comuns as discordâncias sobre as soluções da escassez hídrica. Pelo que observo, atribuo a maioria dessas discordâncias a dois fatores principais: o analfabetismo hídrico generalizado (isto é, debates frequentemente baseados na ignorância do que é factível ou suficiente) e processos de decisão inadequados ou impróprios para escolher uma das opções disponíveis, problema que começarei a discutir no próximo capítulo. Neste, descreverei uma "caixa de ferramentas" com opções disponíveis a comunidades que queiram aumentar a oferta de água ou reduzir o uso e as perdas consuntivas e mostrarei como algumas comunidades aplicaram essas ferramentas.

3.1 Aumentar a oferta ou reduzir a demanda?

De volta à analogia da conta bancária, há dois modos básicos de equilibrar o balanço: aumentar os depósitos ou reduzir as despesas. Esse é o fundamento de qualquer plano para resolver a falta de água: deve-se encontrar novas fontes de oferta ou reduzir o uso?

O custo unitário de fornecer ou poupar água (por exemplo, dólares por metro cúbico) é quase sempre o que mais influencia os planos para acabar com a falta de água. No entanto, outros fatores importantes podem e devem complicar o processo de decisão. Quase sempre há impactos ou benefícios ambientais que também precisam ser calculados em qualquer plano hídrico, e, em muitos casos, além das dificuldades financeiras há consequências sociais que devem ser levadas em conta. Infelizmente, interesses específicos e a corrupção generalizada entre governos e fornecedores privados criam, com demasiada frequência, um campo de jogo desigual, problema que abordarei no próximo capítulo.

3.2 A caixa de ferramentas hídricas

Há seis opções gerais para equilibrar o balanço hídrico de uma comunidade. Algumas envolvem aproveitar novas fontes, outras o armazenamento para aliviar a falta sazonal ou temporária e outras ainda a redução do que deve ser retirado ou usado consuntivamente. Descreverei aqui cada uma das seis opções, na ordem geral do custo mais alto para o mais baixo: dessalinização, reúso, importação, armazenamento, gestão de bacias hidrográficas e conservação (esse ordenamento de custos relativos é genérico e pode diferir em casos específicos).

3.2.1 Dessalinização

Esse é um processo tecnológico que remove sais e outros minerais da água do mar ou da água salobra subterrânea. O modo tradicional é um processo de destilação em que se ferve a água salgada para separar, por evaporação, a água doce dos sais, mas recentemente a osmose reversa passou a ser o método preferido por ser menos cara. Na osmose reversa, a água salgada é forçada a atravessar uma membrana semipermeável que permite a passagem de moléculas de água, mas não de sais e outros minerais. Tipicamente, cerca de metade da água salgada processada na dessalinização se torna água doce, e o que sobra é um resíduo concentradíssimo chamado de salmoura.

A dessalinização pode ser uma opção factível e atraente para criar oferta adicional de água em litorais ou lugares onde aquíferos salobros possam ser aproveitados com facilidade. O grande benefício da dessalinização é proteger as fontes de água doce natural (rios, lagos e aquíferos) de secarem ainda mais. Com o crescimento da população costeira, o uso mais intenso da dessalinização poderia aliviar bastante a pressão sobre outras fontes de água doce.

A maior desvantagem é o custo. Esse método continua a ser o meio mais caro de obter água doce. Seu custo elevado se deve à grande necessidade de energia elétrica. No entanto, em geral a dessalinização de água salobra é bem menos cara do que a da água do mar em razão do menor teor de sal presente naquele.

Gerar eletricidade para as usinas de dessalinização também produz as emissões de carbono que vêm causando as mudanças climáticas. Até recentemente, a Arábia Saudita usava apenas petróleo e gás natural para gerar a eletricidade necessária às usinas de dessalinização; o país gastava 1,5 milhão de barris de petróleo por dia para gerar essa energia (Lee, 2010). No entanto, hoje os sauditas estão construindo a maior usina solar de dessalinização do mundo e já divulgaram a intenção de converter todas as outras usinas para usarem energia solar (Solar..., 2013). Do mesmo modo, por causa da preocupação com a mudança climática, a nova usina de dessalinização de Adelaide, na Austrália, foi recentemente construída usando fontes de energia 100% renováveis.

O descarte adequado da salmoura residual de maneira segura para o meio ambiente e com boa relação custo-benefício também pode ser um grande desafio. Em ambientes costeiros, a salmoura costuma ser lançada a certa distância no mar, onde a água do oceano a dilui rapidamente, mas caso isso não seja feito de forma adequada a vida marinha pode ser prejudicada. O descarte da salmoura no interior depois da dessalinização de água salobra costuma exigir sua injeção em aquíferos profundos e já salinos, o que pode sair muito caro e só é possível se esse aquífero existir.

Hoje há quase 16 mil usinas de dessalinização no mundo, com as maiores na Arábia Saudita, nos Emirados Árabes Unidos e em Israel. O uso desse método cresce com rapidez, mas todas as usinas do mundo hoje ainda oferecem menos de 1% de todas as retiradas de água doce. Embora a dessalinização possa ser uma estratégia importante para aliviar a escassez local de água, como na Arábia Saudita, onde os aquíferos se reduziram muito e não existem rios perenes, seu potencial de resolver mais amplamente a escassez de água será bastante limitado, a menos que o gasto energético da tecnologia empregada se reduza substancialmente e se resolva o problema do descarte da salmoura.

3.2.2 Reúso da água

Também conhecido como reciclagem, o reúso da água envolve purificar a água depois de usada em residências, empresas ou indústrias e dar-lhe novo uso. No processo, as impurezas são removidas das águas servidas até um nível apropriado para o reúso pretendido. O mais comum é aproveitar essa água em fazendas, campos de golfe e outras áreas ajardinadas; às vezes, ela é usada no resfriamento de usinas elétricas ou em outros processos industriais. Israel é o líder global desse processo e reúsa cerca de 80% de toda a água que retira de fontes de água doce. O segundo maior reusuário é a Espanha, com apenas 17%, e todos os outros países estão muito atrás (Maxwell, 2013).

Há poucos lugares onde a água de reúso volta a se tornar potável, principalmente devido à aversão psicológica e não por temores legítimos quanto à qualidade da água (o chamado *fator nojo*, reação comum à ideia de beber água servida, por mais limpa que seja). Como 6% da água que corre nos rios dos Estados Unidos já foi usada, tratada e descartada como vazão de retorno de cidades a montante, muitos americanos, na verdade, já tomam águas servidas e processadas (Committee on the Assessment... et al., 2012). Com tratamento adequado, quase toda água servida pode ser usada seguramente como água potável. Por exemplo, Cingapura distribui em garrafas a água reciclada ou a canaliza em residências ou empresas sob a marca NEWater, ao passo que os astronautas que viajam pelo espaço reciclam a própria urina e outras águas servidas e a bebem a bordo das espaçonaves enquanto estão em órbita. Portanto, praticamente tudo é possível.

O custo do reúso da água costuma ser alto pela mesma razão que encarece a dessalinização: o processo de remover das águas servidas substâncias indesejáveis exige muita energia elétrica. No entanto, as tecnologias de reúso são cada vez mais personalizadas para produzir água tratada de qualidade adequada ao uso final, e isso pode ser muito mais barato do que tratar sempre a água como se fosse destinada para beber. Aqui é importante observar que apenas 1% a 3% de toda a água consumida numa cidade é realmente utilizada para beber, portanto há oportunidades consideráveis de reciclar a água a um custo menor do que o necessário para torná-la potável.

Em muitos países industrializados, o reúso é uma opção atraente quando explorar ainda mais outras fontes de água doce se torna caro ou difícil. É mais popular em áreas urbanas com crescimento rápido, onde a água reciclada pode ser usada em regas ou com fins industriais. Em regiões em desenvolvimento cuja população cresce rapidamente, o reúso também oferece uma fonte importante de água para a expansão da agricultura irrigada. Do mesmo modo, o reúso da água ajuda a reduzir os problemas de qualidade caso as águas servidas sejam devolvidas com tratamento inadequado ou inexistente a um rio ou lago.

No entanto, é importantíssimo entender que, na verdade, a água reciclada não é uma *nova fonte*. Em vez disso, é simplesmente um modo de usar mais a mesma água. Do ponto de vista da escassez, a água reciclada sempre tem de ser considerada no contexto do balanço hídrico local (Fig. 3.1). O reúso intercepta a vazão de retorno que, em parte, reporia o volume de água retirada da fonte de água doce e quase sempre resulta em maior esgotamento líquido de uma fonte de água. Em vez de devolver as águas servidas a um rio ou lago depois de passar por fábricas e residências, o reúso desvia a água para outros fins que, como a rega de gramados, podem consumir inteiramente a água reciclada. Isso resulta em *aumento* da perda consuntiva líquida e exacerba a falta de água. Por outro lado, o reúso da água pode ajudar a reduzir o consumo de água subterrânea, porque essa água quase nunca é devolvida ao aquífero, e a reutilização reduz o volume que precisa ser retirado. Na maioria dos casos, todas as retiradas de água subterrânea resultam em perda consuntiva, portanto qualquer redução do bombeamento ajuda a reduzir o desgaste do aquífero. O mesmo seria verdade numa cidade ou indústria que usasse a água de um rio ou lago e, no entanto, mandasse sua vazão de retorno para outro corpo d'água ou para o oceano.

O reúso da água faz todo o sentido quando há períodos, como as secas, em que a cidade ou indústria simplesmente não pode retirar água suficiente do rio por estar baixo demais ou porque a cidade não tem direito de usar água adicional. Com o reúso, a cidade não precisará retirar tanta água do rio, lago ou aquífero e ficará menos vulnerável ao baixo nível de água ou à competição pela oferta limitada.

3.2.3 Importação de água

Durante milhares de anos, quando a necessidade hídrica excedia o que as fontes locais podiam oferecer, cidades e fazendas conseguiam água suplementar recorrendo a outras fontes. Centenas de anos antes da nossa era (ANE) (também se usa *antes de Cristo* ou a.C.), o uso de água em Roma reduziu muito a vazão do rio Tibre, que passa pelo centro da cidade. A partir de 312 ANE, os romanos começaram a construir aquedutos para transportar água adicional. Quando a população da antiga cidade chegou a um milhão de habitantes, 11 aquedutos forneciam quase 1.000 L por pessoa por dia, mais do que os habitantes urbanos dispõem hoje na maioria das cidades. Parte dessa água vinha de quase 100 km de distância.

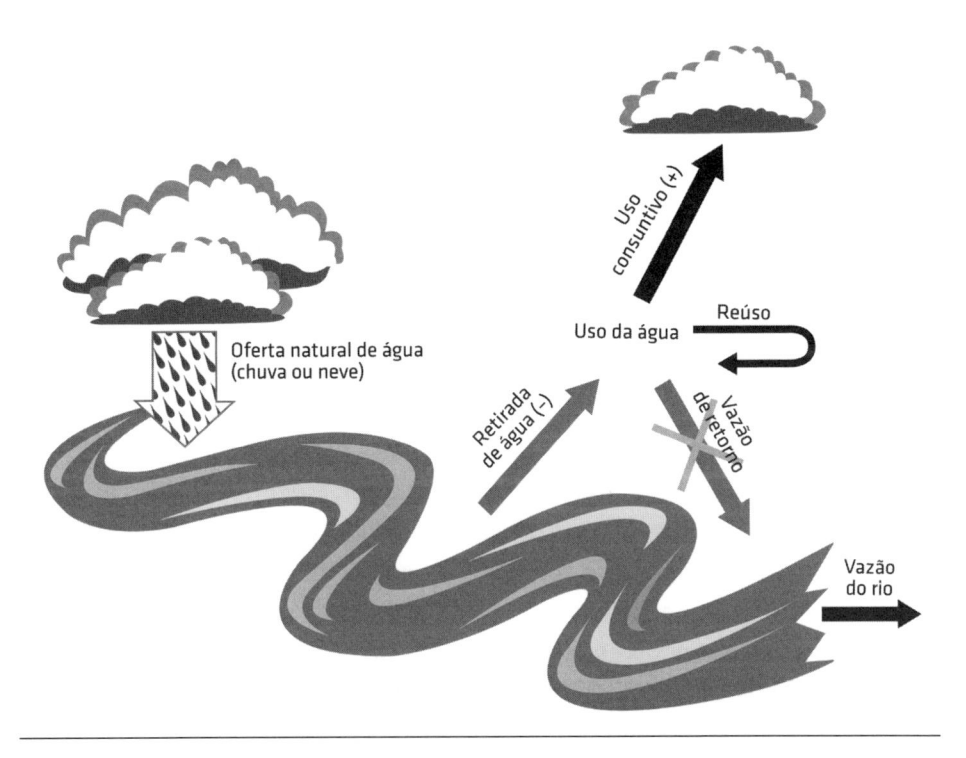

FIG. 3.1 *É muito importante ver o reúso da água, também chamado de reciclagem, no contexto do balanço hídrico. Quando a água é reutilizada, o volume a ser retirado de rios, lagos e aquíferos pode ser minimizado. No entanto, o reúso aproveita água que poderia ser devolvida às fontes naturais. Quando a água não retorna mais à fonte depois de usada, o resultado pode ser o aumento do uso consuntivo líquido e do esgotamento da fonte original*

Ao contrário dos aquedutos romanos, projetados para deslocar a água usando apenas a gravidade, a maioria dos projetos de importação de água de hoje precisa de muita energia para empurrar a água morro acima em alguns setores, o que torna essa água caríssima. Nos Estados Unidos, o Projeto Hídrico do Estado da Califórnia, que transporta água do norte para o sul do Estado, e o Projeto Central do Arizona, que transporta água do rio Colorado para Phoenix e Tucson, são os maiores consumidores de eletricidade desses dois Estados.

Outro grande problema da importação de água, também chamada de transferência entre bacias, é que ela pode provocar ou intensificar a escassez de água em outros aquíferos ou bacias hidrográficas. Um exemplo: no início do século XX,

Los Angeles tinha consumido inteiramente o rio de mesmo nome. Então a cidade construiu uma adutora de 500 km até o rio Owens, ao norte, e depois a ampliou até a bacia hidrográfica do lago Mono, esgotando essas fontes de água e prejudicando sua saúde ecológica. Depois de exaurir essa oferta de água, a cidade estendeu seu canudinho até o rio Colorado, a uma boa distância a leste, e até os rios do Central Valley, ao norte, contribuindo para a escassez de água nessas bacias.

A água também pode ser importada virtualmente por meio do comércio de mercadorias que exijam água em sua produção. A expressão água virtual foi cunhada pelo professor Tony Allan, do King's College, em Londres, para deixar claro que as frutas, a cevada e o malte da cerveja e o algodão da camisa precisam de água em seu cultivo ou manufatura. Arjen Hoekstra, que foi aluno de Allan, começou a quantificar esse volume de água como pegada hídrica dos produtos – por exemplo, 185 L para produzir uma maçã, 300 L para 1 L de cerveja e 2.500 L para uma camisa de algodão (a Rede de Pegada Hídrica – Water Footprint Network – apresenta uma listagem de estimativas de pegada hídrica de muitos produtos de consumo em <www.waterfootprint.org>). Allan ressaltou que, quando enviamos essas mercadorias de um lugar a outro, na verdade transportamos água virtual. Quando compramos essas mercadorias vindas de outros lugares, evitamos usar a água local para produzi-las. No entanto, como no caso da água real, os consumidores deveriam atentar para o fato de que o uso de água para produzir essas mercadorias pode esgotar bacias hidrográficas distantes.

Tirar água de outras bacias hidrográficas ou aquíferos diminui o potencial das comunidades dessas outras bacias utilizarem suas fontes para finalidades próprias e pode prejudicar bastante a saúde dos ecossistemas de água doce desses locais. Por essa razão, muitos governos instituíram proteções da bacia de origem para limitar ou proibir essa transferência entre bacias ou aquíferos. Por exemplo, em 1998, quando o governo de Ontário, no Canadá, permitiu que uma empresa remetesse para a Ásia 600.000 m^3 anuais de água do lago Superior, o clamor público resultante foi tão grande que provocou um acordo internacional entre oito Estados norte-americanos e duas províncias canadenses que compartilham os Grandes Lagos. O anexo da Carta dos Grandes Lagos, aprovado em 2001, torna extremamente improvável a exportação de grande volume dessa água e aumenta a certeza de intensa vigilância.

Embora gere problemas econômicos, ambientais e sociais graves, a importação de água foi usada há muitíssimo tempo para aliviar faltas de água locais e continua sendo utilizada até hoje. Segundo algumas estimativas, mais de 350 sistemas de transferência de grande volume de água foram construídos nos últimos 60 anos. Provavelmente, metrópoles como Los Angeles, Denver, Nova York, Mumbai, Karachi, Tel Aviv e Cidade do Cabo continuariam a ser cidades pequenas se não tivessem construído canais e adutoras para importar água de outras bacias hidrográficas. Em um futuro próximo, o crescimento contínuo de Tianjin e Pequim e a vasta irrigação agrícola na planície da China setentrional serão mantidos com a transferência de água do rio Yang-tsé pelo Projeto de Transferência Hídrica Sul-Norte. Do mesmo modo, no maior plano de transferência de água já proposto, a Índia imaginou um projeto de ligação de rios que interligaria 37 rios com o uso de 9.000 km de canais, a um custo estimado de US$ 140 bilhões, para solucionar a falta de água no país.

3.2.4 Armazenamento de água

Há muitos lugares no mundo em que há água suficiente disponível anualmente em média, mas onde a falta surge em certas épocas do ano. Imagine uma professora que receba salário da escola durante apenas nove meses do ano e não receba nada nas férias de verão. Ela pode ganhar em nove meses o suficiente para suprir suas necessidades no ano inteiro, mas terá de economizar durante o ano letivo para ter dinheiro durante as férias.

A mesma dificuldade existe na gestão hídrica de lugares como o rio Santiago, no México (Fig. 3.2). Nessa bacia hidrográfica, a água é abundante durante o inverno e a primavera, mas no verão, estação de crescimento das plantações, o consumo de água da agricultura irrigada é muito maior do que aquilo que o rio pode oferecer naturalmente. Por essa razão, construíram-se represas na bacia hidrográfica para captar e armazenar água da vazão mais alta do inverno e da primavera para uso posterior no verão.

Mas construir represas para armazenar água traz muitas desvantagens. Uma delas é o custo. Na série de opções aqui discutida, a construção de represas fica na faixa média do custo-benefício. As represas e os reservatórios a elas associados podem causar imenso impacto ambiental e social. Elas são a principal causa do declínio de peixes e outras espécies fluviais no mundo inteiro por bloquearem seus movimentos e mudarem a vazão de água, nutrientes e sedimentos no ecossistema do rio. Elas também desorganizaram a vida de centenas de milhões de pessoas, que perderam seu meio de vida e até seus lares com a construção de represas (Richter et al., 2010). Os reservatórios criados pelas represas também podem perder muita água com a evaporação, principalmente em regiões áridas. Por exemplo, 15% de todo o uso consuntivo da água da bacia do rio Colorado, no oeste dos Estados Unidos, deve-se à evaporação dos reservatórios.

Rio Santiago, México

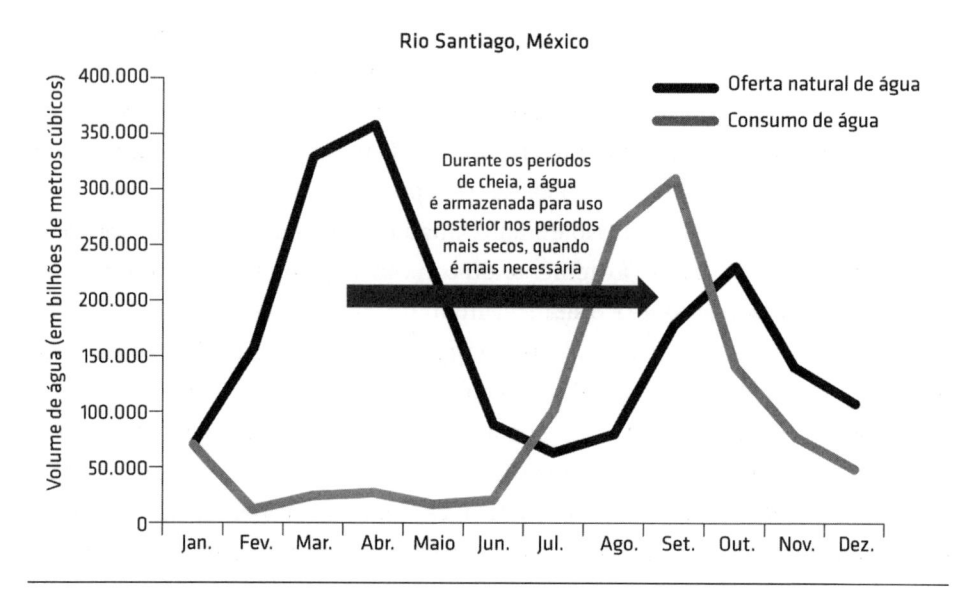

[Gráfico: eixo Y "Volume de água (em bilhões de metros cúbicos)" de 0 a 400.000; eixo X meses de Jan. a Dez. Linha preta "Oferta natural de água" com pico em Mar.-Abr. (~350.000). Linha cinza "Consumo de água" com pico em Set. (~310.000). Seta: "Durante os períodos de cheia, a água é armazenada para uso posterior nos períodos mais secos, quando é mais necessária".]

FIG. 3.2 *No rio Santiago, no México, a necessidade de água para manter a agricultura irrigada é maior nos meses de verão. No entanto, a maior oferta anual de água dessa bacia vem das chuvas de inverno e primavera. Para resolver essa disparidade entre as épocas de oferta e uso da água, construíram-se grandes represas para captar e armazenar a água da estação chuvosa para a temporada de crescimento das plantações, no verão*

Fonte: baseado em dados do Instituto para a Educação Hídrica (Unesco-IHE).

Em razão das perdas por evaporação dos reservatórios criados pelas represas, armazenar água subterrânea para utilização posterior é uma solução inteligente que vem obtendo popularidade. Às vezes chamada de *uso conjunto* ou *armazenamento e recuperação de aquíferos*, essa estratégia consiste em injetar no aquífero a água extraída de um rio ou lago nos períodos de cheia e depois bombear a água de volta para uso em períodos em que há menos água disponível no rio ou lago. O uso conjunto não exige necessariamente represas para retardar ou armazenar temporariamente a água antes de injetá-la no aquífero, mas em geral elas são usadas.

A prática de *coleta de água da chuva* é antiga na Índia, assim como em outras regiões da Ásia e na África. Em geral, consiste em construir uma pequena represa de terra e pedras no canal de um curso d'água para captar o escoamento durante temporais. Às vezes a água é diretamente retirada do reservatório criado pela pequena represa, mas o mais comum é deixar que a água captada penetre no subsolo para formar um aquífero raso e ser acessada com poços cavados à mão ou mais profundos. Do mesmo modo, a *captura de água de temporais* é usada em muitas cidades, sendo o escoamento concentrado das áreas urbanizadas recolhido em pequenos reservatórios para penetrar no aquífero e depois ser recuperado.

Quando se pensa em usar um reservatório para aliviar a falta de água, deve-se sempre avaliar minuciosamente o seu impacto sobre o balanço hídrico do aquífero ou da bacia hidrográfica, ao lado de outros possíveis impactos já citados. Se o único propósito do reservatório for alterar o período de disponibilidade de água, como no caso do rio Santiago ilustrado na Fig. 3.2, o impacto sobre o balanço hídrico será benéfico em termos sazonais. No entanto, quando a finalidade do reservatório é captar mais água e permitir o aumento do uso consuntivo geral, certamente seu impacto sobre o balanço hídrico será negativo.

Steve Leitman, veterano de um prolongado debate sobre utilização de água na bacia hidrográfica dos rios Apalachicola, Chattahoochee e Flint, no sudeste dos Estados Unidos, aproveita a analogia da conta bancária quando fala de reservatórios: "Para quem gasta mais do que ganha, simplesmente abrir novas contas bancárias não vai melhorar em nada a situação". Em outras palavras, os reservatórios na verdade não criam água nova. Em vez disso, eles simplesmente captam a água fornecida pela chuva ou pela neve e guardam-na até que seja necessária.

3.2.5 Gestão de bacias hidrográficas

A vegetação e o solo das bacias hidrográficas influenciam o modo como a água se desloca através delas ou penetra nos aquíferos. Alguns tipos de vegetação usam mais água do que outros e folhas de diversos tamanhos e formatos interceptam quantidade variável de precipitação, resultando em taxas de evaporação diferentes. Os processos e condições biológicos e físicos da bacia hidrográfica podem ser manipulados de várias maneiras para influenciar o ciclo hidrológico local, mudando, assim, a produção de água de uma bacia, o ritmo de recarga do aquífero ou a qualidade da água que escoa pela paisagem.

Há muitas estratégias de gestão de bacias hidrográficas para influenciar a vazão e a qualidade da água, e várias têm excelente relação custo-benefício para disponibilizar mais água. A remoção de arbustos e árvores de raízes profundas que usam a água consuntivamente e sua substituição por gramíneas podem liberar água. Muitas comunidades também estão restaurando o funcionamento natural de charcos e várzeas – por exemplo, com a remoção de diques para que os rios transbordem nas margens baixas durante a cheia – na tentativa de desacelerar a água das cheias e induzir maior recarga dos aquíferos.

Na África do Sul, foram introduzidas mais de nove mil espécies vegetais exóticas, como os sedentos eucaliptos da Austrália. Essas plantas introduzidas mudaram a paisagem e a biodiversidade da África do Sul e também o balanço hídrico das suas bacias hidrográficas. O Departamento de Assuntos Hídricos do país estima que essas mudanças da vegetação resultaram numa perda consuntiva geral 7% maior, em média, reduzindo, assim, a quantidade de água disponível para outros usos. Um programa chamado Working for Water (Trabalhar pela Água) empregou mais de 20 mil sul-africanos para remover a vegetação indesejável de mais de um milhão de hectares. Em algumas bacias, essas ações aumentaram em mais de 10% a vazão dos rios e a disponibilidade de água.

3.2.6 Conservação da água

Se sua conta bancária ficar no negativo mês após mês, qualquer assessor financeiro de respeito lhe dirá que está na hora de gastar menos. Não há maneira mais barata e inteligente de aliviar a falta de água do que aplicar a mesma lógica. Devido à ótima relação custo-benefício e aos benefícios ambientais, *a conservação da água* (isto é, menos água tirada de rios, lagos e aquíferos) *deveria ser sempre o primeiro lugar a investir, e seu potencial deveria ser maximizado antes de empregar as outras ferramentas discutidas anteriormente*. Mas é preciso ser inteligente quanto ao tipo de conservação de água empregado.

Com inteligente quero dizer que é preciso prestar atenção ao ponto onde ocorre o maior volume de retirada ou uso consuntivo de água no balanço hídrico das bacias hidrográficas ou aquíferos de que se depende. Há duas maneiras de aplicar com eficácia a conservação de água. Em primeiro lugar, investir em medidas que reduzam a perda consuntiva de água na bacia hidrográfica ou aquífero, deixando, assim, mais água para os habitantes e a natureza. Caso a fonte seja um rio, é preciso avaliar quanta água é utilizada consuntivamente na bacia hidrográfica a montante do local, como na agricultura irrigada. Do mesmo modo, se a fonte for um lago ou aquífero, é preciso avaliar quanta água não é devolvida à fonte após o uso. Onde se perde o maior volume de água? Essa perda consuntiva pode ser reduzida com medidas de conservação para que mais água fique disponível no local? Em quase todos os casos, o investimento mais inteligente em conservação de água será direcionado aos tipos de emprego que resultam em maior perda consuntiva.

Em segundo lugar, fazer o possível para reduzir a necessidade de retirar água das fontes de água doce. Existem épocas do ano ou anos em que a água disponível é insuficiente para atender à necessidade da retirada? Na vizinhança do uso da água, quem retira e consome o maior volume? Você ou outros usuários podem reduzir a retirada implementando formas mais eficientes de usar a água para reduzir a pressão sobre a fonte?

Nas cidades, os encanamentos que vazam devem ser o primeiro lugar no qual buscar oportunidades para reduzir a retirada de água. A Agência de Proteção Ambiental dos Estados Unidos estima que cerca de 17% da água fornecida a residências e empresas no país se perde com vazamentos. Boston perde 30% da água e Londres, quase 50%. Os maiores usuários de água no lar são a máquina de lavar, o vaso sanitário e o chuveiro ou banheira, então é nesses lugares que se deve ter cuidado especial. Procure modelos que aproveitem a água com mais eficiência e use-os pelo menor tempo possível.

O maior ganho geral e a melhor relação custo-benefício na conservação da água serão conseguidos com a redução da perda consuntiva da irrigação, tanto na cidade quanto na zona rural. Podem-se encontrar grandes jardins irrigados em muitas cidades localizadas em clima árido ou semiárido, onde a perda por evaporação é extrema. A água é despejada em parques, campos de golfe e vastos gramados residenciais e comerciais, e, ao contrário daquela usada no interior das edificações, praticamente toda a água da irrigação ao ar livre é consumida; quase nada retorna à fonte após o uso. Em muitas cidades, mais de metade da água vai para regar jardins ao ar livre, o que explica, em grande parte, por que o uso de água *per capita* no sudoeste americano está entre os mais altos do mundo. Como modelos de conservação, essas cidades podem recorrer a San Antonio, no Texas, que reduziu em 30% o uso de água ao ar livre entre 1980 e 1995, ou ao Distrito Hídrico de Irvine Ranch, na Califórnia, que reduziu em 46% esse uso de 1992 a 2004 (Richter et al., 2013).

As cidades australianas estão entre as melhores do mundo em conservação de água, e, em média, seu uso corresponde à metade do das cidades do oeste dos Estados Unidos. As restrições à rega ao ar livre e o plantio de espécies tolerantes à seca são as principais razões dessa diferença. Mesmo quando a água não é escassa, muitas cidades australianas limitam o seu uso ao ar livre, e, quando veem o desperdício dos vizinhos, os moradores podem telefonar e denunciar, e os gastadores são multados.

Apenas com o plantio de vegetação que exija menos água ou seja tolerante à seca em vez dos gramados sedentos é possível obter economia substancial de água. Na década de 1990, mais de 60% de todo o uso residencial de água em Las Vegas, no Estado americano de Nevada, ia para jardins e gramados. A partir de 1999, a cidade iniciou o programa Grana por Grama (*Cash for Grass*), que pagava quase US$ 17 por metro quadrado aos proprietários que removessem gramados e os substituíssem por vegetação desértica, que não exige regas. Um dos proprietários que recebeu o dinheiro – e provavelmente não precisava dele – converteu em paisagem desértica os 6,5 ha que cercavam sua casa de 29 cômodos, e hoje economiza 17 milhões de litros por ano! Com a redução substancial das regas ao ar livre, na última década Las Vegas conseguiu diminuir em quase um terço seu uso de água.

Trocar a irrigação por aspersão pela irrigação por gotejamento, na qual a água é fornecida diretamente às raízes por meio de tubos plásticos, pode reduzir imensamente a utilização de água ao ar livre nas cidades. Na irrigação por aspersão, boa parte da água aplicada evapora antes de chegar ao solo e parte dela pode borrifar ruas, calçadas e outras áreas que não precisam de rega. O interessante é que uma pesquisa verificou que até a rega manual usava quase 70% menos água do que os sistemas de aspersão convencionais, simplesmente porque a água só era aplicada onde necessário e pelo tempo necessário (Usepa, 2013a).

Embora seja possível obter redução importante do uso consuntivo em cidades, em geral ela se apequena diante da oportunidade de aliviar a escassez com a conservação hídrica rural, uma vez que o volume de água usada em plantações é muito maior. Como já destacado, na maioria das bacias hidrográficas com escassez de água, mais de 90% de todo o uso consuntivo vem da irrigação agrícola. Essa escassez poderia ser substancialmente resolvida na maioria dessas bacias com uma redução de 15% a 20% do consumo da irrigação.

Num artigo que publicamos na revista *Water Policy* em 2013 (Richter et al., 2013), eu e meus colegas ressaltamos que o meio mais barato e promissor de reduzir o risco de escassez hídrica das cidades é ajudar os agricultores a diminuir a perda consuntiva com ações como concretar canais de irrigação, implementar tecnologias de irrigação mais eficientes, cultivar produtos que exijam menos água e outras medidas de economia. Por exemplo, San Diego, na Califórnia, negociou um acordo de conservação e transferência com o Distrito de Irrigação Imperial, no sul da Califórnia, segundo o qual a cidade paga aos fazendeiros pela implementação de medidas de conservação da água. A água do rio Colorado não mais usada pelas fazendas do Distrito de Irrigação Imperial, cujo volume aumentará, de 2003 a 2021, de 12 para 247 milhões de metros cúbicos, será transferida para a cidade. Até 2020, essas medidas de conservação agrícola fornecerão 37% da água de San Diego.

Um aspecto da conservação que hoje, merecidamente, recebe muita atenção é o preço da água. Não surpreende que a maioria das pessoas usará menos água se tiver de pagar mais por ela. Por essa razão, muitas cidades instituíram planos de cobrança em que o preço sobe quando os moradores consomem mais água. No entanto, é preciso tomar bastante cuidado para que esse sistema de preços não deixe a água cara demais para os membros mais pobres da sociedade.

3.3 Aplicação da caixa de ferramentas na bacia do rio Colorado

O estudo de oferta e demanda de água da bacia do rio Colorado, discutido no início deste capítulo, ilustra algumas opções para aliviar a falta de água. Para preparar o estudo, o Bureau of Reclamation convidou órgãos hídricos regionais, especialistas no assunto e outros interessados a apresentar ideias para aumentar a oferta ou reduzir o uso consuntivo de água. Mais de 150 ideias foram apresentadas, sendo 55 opções para aumentar a oferta, 42 para reduzir a perda consuntiva, 22 relacionadas a mudanças da operação das represas e de outros tipos de infraestrutura e 41 para melhorar a gestão. Algumas opções que receberam prioridade estão resumidas na Tab. 3.1.

Não é difícil identificar quais ferramentas listadas na tabela deveriam ser priorizadas por sua contribuição para reduzir a falta de água na bacia do rio Colorado. Algumas têm boa relação custo-benefício e podem poupar ou produzir muita água. As cinco com melhor relação custo-benefício, listadas em ordem crescente de custo, são: modificação climática, conservação da água agrícola, manejo florestal, conservação da água urbana e dessalinização.

Três ferramentas da tabela podem ser empregadas com efeito muito positivo. A conservação da água agrícola é a vencedora óbvia. A relação custo-benefício, a falta de impacto ambiental negativo, a possível melhora da qualidade da água com a redução do escoamento poluído e a capacidade de reduzir substancialmente o uso consuntivo dentro da bacia fazem dela uma opção muitíssimo atraente. Como a conservação da água urbana e a dessalinização seriam aplicadas primariamente em cidades fora da bacia hidrográfica, a utilização dessas opções reduziria a quantidade de água exportada da bacia.

Em razão do retorno incerto e do risco da implementação, o relatório do Bureau of Reclamation deu prioridade baixíssima à modificação do clima, que consiste em lançar cristais de iodeto de prata ou gelo seco na atmosfera para induzir precipitações. Também vale mencionar que toda tentativa de provocar precipitação sobre a bacia hidrográfica do rio Colorado provavelmente "furtaria" água de outras áreas onde a chuva cairia naturalmente.

3.4 Como dominar a caixa de ferramentas

Como ilustra o exemplo do rio Colorado, nos lugares do mundo onde há pouca água, o investimento em conservação hídrica agrícola costuma ser o modo menos caro e menos prejudicial ao meio ambiente para escapar da escassez.

Mas não é sempre aí que ele é feito. Há pouquíssimos lugares no mundo onde a caixa de ferramentas hídricas descrita neste capítulo seja aplicada de maneira que possa ser considerada ótima ou sustentável.

Tab. 3.1 OPÇÕES IDENTIFICADAS PARA AUMENTAR A OFERTA DE ÁGUA OU REDUZIR O USO CONSUNTIVO NA BACIA HIDROGRÁFICA DO RIO COLORADO, NO OESTE DOS ESTADOS UNIDOS

Categoria	Proposta específica	Custo (US$/m^3)	Volume potencial de água até 2035 (em bilhões de metros cúbicos por ano)
Dessalinização	Golfo da Califórnia	1,70	247
	Oceano Pacífico, na Califórnia	1,50-1,70	247
	Oceano Pacífico, no México	1,22	69
	Água de drenagem do Salton Sea	0,81	247
	Água subterrânea do sul da Califórnia	0,61	25
	Água subterrânea perto de Yuma, no Arizona	0,49	123
Reúso da água	Águas servidas municipais	1,22-1,46	247
	Água cinza (doméstica)	3,40	219
	Águas servidas industriais	1,62	49
	Água produzida na extração de metano em minas de carvão	1,62	123
Armazenamento de água	Novos reservatórios para armazenar água	1,82	25
	Coleta de água da chuva	2,55	92
Bacia hidrográfica	Controle de espécies arbustivo-arbóreas invasoras	6,08	62
Gestão	Manejo florestal	0,41	247
	Controle de vegetação invasora (Tamarix)	0,32	37
	Modificação do clima	0,02-0,05	863
Importação de água	Importação por Denver do rio Missouri ou Mississippi	1,38-1,87	0*
	Importação pelo rio Green dos rios Bear, em Yellowstone, e Snake	0,57-1,54	195
	Importação pelo sul da Califórnia de *icebergs*, bolsas de água e navios-tanques	2,19-2,76	740
Conservação de água – urbana	Conservação de água industrial e municipal	0,41-0,73	740

Tab. 3.1 (Continuação)

Categoria	Proposta específica	Custo (US$/m^3)	Volume potencial de água até 2035 (em bilhões de metros cúbicos por ano)
Conservação da água – agrícola	Conservação de água agrícola	0,12-0,61	1.233
Conservação de água – energia	Conversão de usinas elétricas para resfriamento a ar (em vez de resfriamento a água)	1,62	197

*Isso se deve à incapacidade de terminar o projeto até 2035; em 2060, estima-se que estarão disponíveis 740.000 bilhões de metros cúbicos por ano.

Fonte: adaptado de USBR (2012).

A solução ótima exigiria equilíbrio entre valores econômicos, sociais e ambientais. O investimento hídrico da caixa de ferramentas seria priorizado de acordo com a relação custo-benefício e aplicado de modo a criar empregos, promover a máxima produção econômica por unidade de água consumida e evitar impacto sobre os pobres e os ecossistemas de água doce. Toda a série de valores sociais associados ao uso da água receberia a devida consideração, e as decisões de compartilhamento da água em toda a bacia hidrográfica seriam equitativas, inclusivas e equilibradas. Os ecossistemas e as espécies seriam protegidos ou restaurados, beneficiando as comunidades locais em muitíssimos aspectos e sustentando a herança natural de nosso planeta. Mas esse tipo de decisão exige um sistema eficaz de governança hídrica que possa promover um resultado ótimo, o que é o foco dos três próximos capítulos.

quatro

Quem é responsável pela água?

ABU KHALIL, produtor de algodão forçado a abandonar sua propriedade na Síria em 2013 devido à falta de água, foi entrevistado pelo colunista Thomas Friedman, do *New York Times* (Friedman, 2013). Friedman descreveu a grave falta de água na Síria como a principal culpada pela deflagração da tumultuada revolta civil que tomou conta do país a partir de 2011. "Podíamos aceitar a seca, porque vinha de Alá", disse Abu, "mas não podíamos aceitar que o governo não fizesse nada". O economista sírio Samir Aita refletiu esse sentimento, dizendo a Friedman: "A seca não provocou a guerra civil na Síria, mas a falta de reação do governo [...] teve um enorme papel ao alimentar o levante".

Esses sírios exprimem uma reclamação ouvida no mundo inteiro hoje em dia, e é uma mensagem que não podemos mais ignorar: a maioria dos governos não vem tendo bom desempenho na gestão hídrica, e as consequências reverberam por nossas sociedades.

No Cap. 2, destaquei a importância do manejo das fontes de água dentro do limite de disponibilidade, ou seja, respeitando o balanço hídrico. Como no caso de uma conta bancária, não podemos consumir mais do que foi depositado sem sofrer as consequências. Mas é aí que a analogia com as contas bancárias começa a degringolar. Todos entendemos que é responsabilidade individual nossa administrar adequadamente a conta bancária pessoal, mas a maioria supõe que o governo é que tem de cuidar da conta de água. Afinal de contas, na maioria dos países é o governo que decide quem usa a água e quanta água é utilizada – ou, pelo menos, é assim que deveria funcionar.

Ninguém questiona que equilibrar o balanço hídrico e gerir a água de forma equitativa e lucrativa é muito difícil. Exige que alguém (geralmente eleito) decida quem usará ou não a água. Quase sempre esse processo de decisão está sujeito à influência de grupos poderosos, como ministérios importantes dentro do governo e empresas que pressionam intensamente o governo para obter mais água. Existem opiniões e filosofias muito divergentes entre os interesses da sociedade civil – que defende que a água é um bem público e o acesso a ela é um direito humano – e os que insistem que a água é um insumo essencial na produção econômica. Pouquíssima gente avalia a enormidade do desafio de equilibrar essas forças opostas. No entanto, todos notam quando a situação da água não vai bem.

Este livro está cheio de histórias de lugares onde o governo não conseguiu ou não se dispôs a tomar as providências necessárias para evitar a falta de água. Pouquíssimos governos puseram em prática controles adequados do uso da água capazes de impedir a exaustão total das fontes ou sua queda a um nível tão baixo que prejudique a economia local, o sustento da população e os ecossistemas. A deficiência hídrica na Síria, resultante do encontro de seca e uso excessivo e prolongado de água para irrigação, abalou o sustento de mais de 800 mil agricultores em 2013. Desesperados, muitos correram para cidades como Damasco ou Alepo, onde encontraram pouca ou nenhuma ajuda. O racionamento persistente de água nessas cidades oferecia pouca água aos ricos e nenhuma aos pobres, muitas vezes obrigados a comprar água potável de caminhões-pipas particulares a preço exorbitante. Essa situação hídrica horrorosa criou o estopim da revolta.

Não se questiona que os países tenham de cumprir a tarefa de gerir a água. O desafio se resume a compreender o balanço hídrico, escolher as melhores opções para resolver ou evitar a deficiência, financiar e implementar essas escolhas, proteger a saúde humana e ecológica e depois aprender e melhorar continuamente com o tempo. E essas atividades e decisões têm de ser implementadas de modo a serem percebidas como equitativas e justas, para que a população as siga. Mas não devemos mais esperar nem mesmo pedir a nossos governos que ajam assim de modo isolado dos governados, por pelo menos duas boas razões. A primeira delas já foi citada: até hoje, a maioria dos governos, tanto locais quanto nacionais, não teve muito sucesso no cumprimento de suas responsabilidades hídricas. Mas a melhor e mais importante razão para adotar uma nova abordagem é o fato de que a história já mostrou com clareza que, quando cidadãos, comunidades e empresas se envolvem mais ativamente no projeto do futuro hídrico e na solução dos problemas, a probabilidade de sucesso aumenta muito.

Os especialistas em política hídrica do mundo inteiro reforçam hoje a necessidade de se afastar da tecnocracia governamental centralizada imposta de cima para baixo na gestão hídrica e de avançar rumo a *sistemas de governança hídrica* mais inclusivos e duráveis. As abordagens progressistas desse sistema de gestão abrem o círculo do diálogo e da tomada de decisões sobre a água para incluir uma representação maior da sociedade civil e do setor privado. Em geral, os sistemas de governança hídrica terão de incluir a regulamentação governamental, mas eles também envolvem os cidadãos e o setor privado ativamente no projeto e na implementação de soluções equitativas, duráveis e com boa relação custo-benefício. Para dividir melhor a água, precisaremos aprender a dividir melhor sua governança.

Para maximizar a probabilidade de sucesso, toda transição para um novo sistema ou abordagem deveria se basear na compreensão total das deficiências e dificuldades enfrentadas no antigo sistema. Lembro-me muito bem de que, na adolescência, remontei o motor de uma motocicleta na tentativa de substituir algumas peças desgastadas e instalar novas engrenagens para deixar o motor mais potente. No entanto, não prestei atenção suficiente à função necessária e ao posicionamento correto de algumas peças quando remontei o motor, e depois de tudo pronto vi que sobravam peças no chão da garagem. O motor nunca mais funcionou direito. A mudança para um novo sistema de governança hídrica é bem parecido com a remontagem de um motor. Só com a compreensão total das funções necessárias que têm de ser cumpridas, dos papéis que precisam ser desempenhados num sistema integrado e daquilo que não vai bem é que se pode desenvolver um novo sistema de governança com desempenho aprimorado e melhor resultado.

4.1 O PAPEL DOS GOVERNOS NA ALOCAÇÃO DA ÁGUA

Há uma diferença importantíssima entre propriedade da água e direito de uso da água. A maioria dos países adotou a posição de que a água deve ser propriedade pública, com o governo nacional atuando como seu guardião. Atualmente, muitos governos permitem que os proprietários também possuam a água subterrânea sob suas terras, mas é forte a tendência recente à propriedade pública tanto da água superficial quanto da subterrânea. Do mesmo modo, o direito de usar a água, geralmente chamado de *alocação da água*, está sujeito a controle e regulação do governo nacional. No entanto, é bem comum que o governo nacional delegue a autoridade de alocar água a um setor governamental mais local, como Estados, províncias ou distritos de irrigação. Há uma boa discussão sobre as diversas abordagens governamentais da propriedade e da alocação da água em Salman e Bradlow (2006).

Em alguns países, o direito de usar a água assume a forma de um direito de propriedade, mas não se trata de uma verdadeira posse da água propriamente dita. Na verdade, é a posse do direito de usar a água. Também é importante entender que esse direito é quase sempre condicionado por várias limitações, como discutido a seguir, e que ele pode ser suspenso pelo governo caso não seja exercido ou seja usado de forma imprópria. Essas são questões importantíssimas a serem lembradas quando se lê uma reportagem ou se assiste a um filme que insinua que uma empresa está comprando ou assumindo o controle da oferta de água. Na maioria dos casos, o governo mantém a propriedade e a autoridade de alocar os direitos ao uso da água. Isso não significa que indivíduos ou empresas poderosos não possam exercer influência desproporcional sobre a alocação da água, mas é importante saber que, em geral, os governos mantêm o controle jurídico supremo.

Em muitos países, a água se mantém suficientemente abundante para atender à necessidade de todos, e os cidadãos gozam de acesso fácil e praticamente irrestrito às fontes de água. No entanto, quando o uso cumulativo de água chega ao ponto em que a competição e o conflito começam a se desenvolver entre os usuários ou a degradação ambiental passa a preocupar, uma reação governamental comum é criar regras de alocação de água, como distribuir direitos de uso (vários termos são usados no mundo para descrever o direito de utilizar a água, sendo *direitos*, *licenças*, *outorgas*, *concessões*, *permissões* e *alocações* os mais comuns; por uma questão de constância, empregarei *direitos* neste livro).

Um propósito fundamental das regras e da regulamentação da alocação da água é evitar a falência hídrica – o excesso de uso que provoca desorganização econômica, social e ecológica. Em 1968, o ecologista Garrett Hardin escreveu um artigo na revista *Science* intitulado "A tragédia dos bens comuns" (*The tragedy of the commons*). Para esse autor, a tragédia dos bens comuns surge quando um recurso compartilhado – uma floresta, um local de pesca, uma fonte de água – é esgotado por indivíduos que agem de forma independente, de acordo com seu interesse próprio, apesar de entenderem que esgotar o bem comum vai contra os interesses a longo prazo do grupo como um todo. O ensaio de Hardin foi muito lido e citado por líderes políticos, economistas, cientistas, conservacionistas e muitos outros.

Alguns anos atrás, numa viagem à região central da Índia, assisti em primeira mão à tragédia do bem comum da água. Conheci um agricultor que estava instalando uma grande bomba nova em seu poço e perguntei-lhe se sabia que o nível do lençol freático estava baixando rapidamente em toda a área que cercava sua fazenda em consequência da extração generalizada e excessiva de água. "Pois é", respondeu ele. "Foi exatamente por isso que comprei a bomba nova. Preciso pegar a água antes de meus vizinhos."

Outra tragédia do bem comum da água se desenrola atualmente na Faixa de Gaza e ameaça se tornar uma crise humanitária com imensos efeitos secundários internacionais. Sem cursos d'água dignos de nota em seu território, Gaza recorreu, de forma histórica e quase exclusiva, ao aquífero litorâneo, que recebe cerca de 50 a 60 milhões de metros cúbicos anuais de recarga graças à chuva e ao escoamento vindo das colinas de Hebron, a leste. Mas o atendimento às necessidades hídricas da população de Gaza, que cresce rapidamente, e dos agricultores israelenses vizinhos retira todo ano do aquífero 160 milhões de metros cúbicos de água. Até seis mil poços foram cavados, muitos deles sem autorização. Muitos cavam poços ilegais no meio da noite para evitar processos. As autoridades responsáveis pela água temem que o aquífero se torne impraticável em poucos anos, deixando sem água 1,6 milhão de habitantes de Gaza, com potencial de aumentar muito as tensões políticas com os países vizinhos.

O controle governamental ou comunitário eficaz do uso de água é absolutamente essencial para evitar tragédias do bem comum da água. Um processo eficiente de alocação pode ser conduzido com regulamentação e políticas governamentais ou com normas culturais e fóruns comunitários. Infelizmente, pouquíssimos Estados, províncias, países ou comunidades locais adotaram controles adequados, mesmo quando é óbvio que uma fonte de água está sendo explorada de maneira insustentável. Por exemplo, pouquíssimos governos regulamentam com eficácia o uso do lençol freático, e, em consequência, muitos países vêm extraindo água subterrânea com mais rapidez do que ela se recompõe. O consumo de água subterrânea do México excede em 20% a recarga natural, o da China, em 25%, e o da Índia, em 56% (WEF, 2011). Em algumas regiões da China, o lençol freático baixou 50 m nos últimos 50 anos e continua a baixar 5 m por ano. Desde 1900, os Estados Unidos drenaram de seus aquíferos um volume igual a dois lagos Erie (Konikow, 2013).

Mas a tragédia do bem comum da água que hoje se desenrola no planeta raramente resulta da falta de regras para a alocação da água. Como discutido a seguir, quase no mundo inteiro existem regras ou costumes para a sua alocação ou compartilhamento. A falta de água, na verdade, é causada pela implementação ineficaz ou pela inadequada obediência social às regras existentes.

4.2 Diversas abordagens de alocação da água

Os governos usam vários procedimentos, regras ou costumes para conceder direitos de uso da água, e não é raro que exista mais de um processo de alocação na mesma jurisdição política, principalmente no caso de regras diferentes para água superficial e subterrânea. Alguns tipos de uso da água são considerados intrínsecos ou automaticamente concedidos, como no caso em que o governo afirma que todos os seus cidadãos têm direito a água suficiente para atender às necessidades básicas de beber, lavar ou cozinhar. Aqui é digno de nota o Pacto Internacional sobre Direitos Econômicos, Sociais e Culturais, tratado multilateral adotado pela Assembleia Geral das Nações Unidas em 1966 que declara o compromisso com os direitos básicos dos cidadãos dos países signatários. Em sua interpretação desse pacto, as Nações Unidas esclareceram que "o direito humano à água confere a todos o direito a água suficiente, segura, aceitável, fisicamente acessível e a custo baixo para uso pessoal e doméstico". Em 2013, o pacto tinha 160 nações signatárias, o que dá peso considerável ao direito humano à água. Contudo, o direito intrínseco de usar a água não faz com que todos recebam acesso adequado a ela, como evidenciado pelo fato de que quase 800 milhões de pessoas, mais de um décimo dos habitantes do planeta, ainda não têm acesso a água potável limpa. Mesmo quando os governos se comprometem moralmente com a concessão desse acesso, é comum não conseguirem fornecer água a todos os que precisam, por razões detalhadas adiante. O número de inverno (primeiro trimestre) de 2005 da revista *Cultural Survival Quarterly* contém vários artigos que discutem esses direitos humanos básicos e sua implementação.

Muitos governos continuam a reconhecer processos comunitários ou tradicionais de alocação de água, com a adoção, por exemplo, de leis ou direitos tribais ou consuetudinários que antecedem a formação do governo ou do sistema jurídico existente. Boa parte da legislação de base comunitária é informal e sem forma escrita, mas orienta o comportamento no uso da água de centenas de milhões de usuários rurais de regiões em desenvolvimento. Baseadas na sabedoria do tempo e do lugar, essas leis comunitárias se mostraram bastante robustas e duráveis e, mais importante, elas refletem a cultura local e o sistema de crenças dos integrantes da comunidade. Mais discussões de leis hídricas comunitárias podem ser vistas em Van Koppen, Giordano e Butterworth (2007).

Muitas culturas rurais, por exemplo, acreditam na existência de deidades que vivem em fontes de água doce. Essa crença foi muito importante na criação de normas culturais de uso da água. O povo de Besao, no norte das Filipinas, acredita que o *nakinbaey* é um ser sobrenatural que habita fontes de água e outros lugares sagrados da região (Dictaan-Bang-Oa, 2005). Acredita-se que a água é produzida pelo *nakinbaey*, portanto, para assegurar a sua oferta adequada não se pode fazer nada que o irrite e o leve a abandonar a fonte. Isso exige que a população respeite conscientemente a fonte de água e obedeça a normas comportamentais que estimulam enfaticamente o compartilhamento de água na comunidade e ajudam a proteger a qualidade da fonte, como a proibição de animais pastarem em suas proximidades, porque o hálito e os dejetos do gado são repulsivos para o *nakinbaey*.

Em muitos países ou jurisdições locais, o direito de usar a água está ligado à propriedade ou ao uso da terra. Um exemplo comum dessa abordagem é o *direito ripariano*, ou seja, a concessão dada a proprietários localizados à margem de um rio ou lago. Do mesmo modo, os proprietários podem ter o direito de usar o lençol freático de sua terra ou a água da chuva que ali cai, muitas vezes sem restrição.

Em regiões mais secas, como em muitos lugares que hoje sofrem falta de água, o processo mais comum de alocação é administrativo, e algum órgão do governo, como uma agência de recursos hídricos ou escritório de irrigação, tem a autoridade de conceder o direito de usar a água. Em geral, esses direitos de uso da água seguem determinados atributos ou regras que especificam seus termos ou limites. Há alguns exemplos desses atributos no Quadro 4.1.

4.3 O QUE DEU ERRADO?

Infelizmente, a existência de regras para alocar ou compartilhar água, sejam elas formalmente institucionalizadas em sistemas jurídicos nacionais, sejam baseadas em leis comunitárias não escritas, não impediu o esgotamento das fontes de água do planeta. Essas regras foram ineficazes por várias razões.

4.3.1 CAPACIDADE FINANCEIRA INSUFICIENTE

O problema mais generalizado dos governos é a falta de recursos. É preciso dinheiro para pagar os gestores hídricos que trabalham para os órgãos que concedem e administram direitos de uso de água; para construir e manter a infraestrutura para armazenar e distribuir a água entre os usuários; para custear os computadores que criam modelos de bacias hidrográficas e aquíferos e armazenam dados que ajudam os gestores a acompanhar os direitos de uso de água e suas violações; e para utilizar instrumentos e gabaritos científicos e acompanhar a disponibilidade e o uso da água. Quando o governo não gera recursos suficientes com a tributação ou outros meios para atender a essas necessidades ou quando simplesmente não direciona fundos suficientes para o manejo da água, é quase certo que os sistemas de alocação e gestão hídrica fracassarão.

Quadro 4.1 Exemplos de atributos típicos do direito de uso de água

Quantidade	Quantidade de água que o detentor do direito pode retirar ou usar de forma consuntiva ou área de terra ou plantação que pode ser irrigada
Qualidade	Qualidade da água a ser retirada ou descartada
Fonte	Fonte e localização específicas para as quais se concede o direito
Período	Restrições ao tempo de vigência do direito, isto é, épocas em que o volume pode ser retirado ou usado de forma consuntiva
Garantia	Direito absoluto, ou seja, o volume é sempre concedido, ou garantia variável de oferta dependendo da água disponível a cada ano
Tipo de uso	Utilização específica para a qual a água será retirada ou usada consuntivamente (como irrigação e mineração)
Duração	Direito permanente ou concedido apenas durante um período específico
Transferência	Se o direito pode ser vendido, herdado ou transferido a outro local ou pessoa

Fonte: adaptado de Le Quesne, Pegram e Von der Heyden (2007).

Os Estados Unidos constroem, operam e mantêm sistemas de gestão hídrica que estão entre os mais sofisticados do mundo. Mas duas tendências incômodas ilustram o que pode acontecer quando se dedicam recursos insuficientes à gestão da água. Uma delas está ligada ao fato de que os sistemas de fornecimento de água urbana não sofreram manutenção adequada no país. Muitos reservatórios, encanamentos e instalações de tratamento de água das cidades americanas foram construídos há mais de cem anos. Atualmente, essa infraestrutura precisa desesperadamente de reparos ou substituição. Em razão de décadas de negligência, hoje se calcula que a reforma dos sistemas de água e esgoto do país vai custar quase US$ 384 bilhões nos próximos 20 anos (Usepa, 2013b).

Outra tendência angustiante nos Estados Unidos é a perda de estações de monitoramento dos rios. Desde 1980, mais de 2.300 desses postos, que representam mais de um quarto da rede de monitoramento mantida pelo Serviço Geológico dos Estados Unidos (U. S. Geological Survey), foram fechados por causa da falta de recursos (USGS, s.d.).

Na Índia, para dar aos agricultores mais responsabilidade pela gestão e pelo custo da infraestrutura, o governo nacional está adotando a *gestão participativa da irrigação*, que inclui o repasse da responsabilidade de gerir os sistemas de irrigação a associações locais de usuários de água. O departamento de recursos hídricos do governo deveria fazer uma única reabilitação da infraestrutura antes de transferir a propriedade às associações locais, mas com frequência isso não acontece, já que o governo insiste que não tem dinheiro. Em consequência, é comum os agricultores receberem um sistema em condições terrivelmente degradadas.

O estado de deterioração da infraestrutura hídrica de muitos países não é culpa apenas dos governos federais ou estaduais nem da falta de alocação de recursos suficientes para esse fim. Os sistemas públicos de fornecimento hídrico vêm se deteriorando porque os órgãos que possuem e mantêm esses sistemas não planejaram nem orçaram adequadamente a manutenção necessária da infraestrutura ou não cobraram o suficiente pelo fornecimento de água para cobrir esse custo. Muitos acreditam que, de acordo com a filosofia de que o acesso à água é um direito humano básico, a água deveria ser fornecida gratuitamente. Essa noção torna politicamente difícil para os gestores gerar receita suficiente com a venda de água para manter o funcionamento adequado do sistema. Embora, na medida do possível, o custo da água deva ser subsidiado ou mantido baixo para os setores pobres da sociedade, todos deveríamos entender que precisamos pagar pelos serviços necessários para gerir o fornecimento de água.

4.3.2 Falta de conhecimento especializado

Outro problema relacionado ao dinheiro é a falta de conhecimento especializado para gerir bem a água. São necessários engenheiros e hidrologistas para projetar e manter reservatórios, sistemas de distribuição, instalações para limpar, reciclar ou dessalinizar a água e outros tipos de infraestrutura hídrica. Os técnicos especializados também projetam e operam os sistemas de monitoramento que acompanham a disponibilidade e o uso da água. Ao mesmo tempo, são necessários especialistas financeiros e contabilistas para calcular o preço da água, financiar projetos, remeter contas, pagar fornecedores e gerir orçamentos; cientistas ambientais para elaborar estratégias de gestão da saúde das bacias hidrográficas e o funcionamento ecológico adequado dos ecossistemas de água doce; cientistas sociais ou negociadores para facilitar as discussões e negociações entre usuários, políticos e vários órgãos do governo; e advogados e legisladores para criar regras de governança hídrica, processar violadores e mediar conflitos. Os órgãos do setor mais bem administrados do mundo dominam todo ou quase todo esse conhecimento especializado, empregam centenas de funcionários e têm orçamentos multimilionários. Mas ter tamanha capacidade é exceção, não a regra.

4.3.3 Falta de vontade de impor regras

Quase sempre a imposição das regras é o elo mais fraco de qualquer sistema de gestão hídrica. A gestão cotidiana da água, principalmente em áreas rurais, ocorre na ausência de sistemas de monitoramento e sem supervisão de autoridades do governo. Isso significa que quem exerce o papel de desestimular o mau comportamento ou a desobediência às regras são amigos, colegas e vizinhos. Pode ser dificílimo para vizinhos e familiares policiar crimes hídricos em comunidades pequenas, principalmente quando a imposição das regras tem consequências sobre o sustento, a renda ou as relações familiares. Por outro lado, a pressão dos pares e a moral ou as normas sociais podem ser muito mais poderosas e eficazes do que qualquer legislação formal para controlar sonegação ou descumprimento, ainda mais quando nenhuma autoridade do governo estiver olhando.

4.3.4 Falta de coordenação entre autoridades

Também há muita dificuldade em coordenar as diversas áreas de conhecimento e as unidades governamentais responsáveis por aspectos diferentes da gestão hídrica. Enquanto os governos crescem, encolhem e evoluem em resposta à disponibilidade de recursos e à mudança das prioridades políticas, é facílimo que diversos órgãos governamentais fiquem isolados em silos que não se comunicam nem se coordenam bem entre si. Por exemplo, na maioria dos países foram criados órgãos diferentes para gerir a agricultura, a mineração, as florestas, a energia, a qualidade ambiental, a água e outros recursos naturais.

Quando esses ministérios, agências ou departamentos não falam entre si nem planejam juntos, costuma haver má política hídrica. Na Índia, os governos estaduais subsidiam grande parte da eletricidade como serviço social para ajudar agricultores pobres, mas esse subsídio criou um caos na viabilidade financeira das usinas elétricas do país e tornou muito difícil, para os gestores locais da água, controlar o excesso de bombeamento de água subterrânea, porque a eletricidade custa pouquíssimo ou nada. Do mesmo modo, o subsídio governamental do óleo diesel permitiu que agricultores próximos a Saná, a capital do Iêmen, expandissem bastante o uso de água subterrânea, uma vez que podem usar suas bombas com baixo custo, principalmente para cultivar *khat*, uma planta narcótica que precisa de muita água. Em consequência, os iemenitas estão esgotando rapidamente o aquífero regional, que sustenta as plantações e a capital, e as reservas de petróleo, que representam três quartos da receita do governo. Nos Estados Unidos, o Departamento de Energia ajudou a criar uma autorização federal para aumentar a produção de biocombustível, com o objetivo de reduzir as emissões de carbono que provocam a mudança climática. Do mesmo modo, hoje mais de 60 países criaram autorizações ou subsídios para estimular a produção de biocombustível (GRFA, 2013). No entanto, esses subsídios alteraram substancialmente a produção agrícola geral, privilegiando safras como as de milho para produzir etanol, causando um pico no uso consuntivo de água com o aumento da necessidade de irrigação e escassez generalizada de milho e outros alimentos para consumo humano (Service, 2009). Para promover seu produto interno bruto com imensos projetos de construção de infraestrutura, o Conselho Estatal da China financiou repetidas vezes os maiores projetos de represas e desvio de água do mundo, mesmo quando os órgãos responsáveis locais identificaram medidas com melhor custo-benefício e menos impacto social e ambiental. Dada a dificuldade de projetar e implementar boas políticas hídricas dentro de um único país, imagine-se o desafio de criar uma política ou tratado hídrico sensato entre vários países!

Mesmo dentro de ministérios ou órgãos diretamente responsáveis pela água, pode haver várias subunidades que se tornam bastante insulares e desconectadas. Por exemplo, um órgão pode ser responsável pela água de superfície, outro pela água subterrânea. Um pode ser responsável pela quantidade de água e pela concessão de direitos de uso, outro pela qualidade da água e pela punição dos poluidores. Um órgão pode ser responsável por construir, operar e manter a infraestrutura hídrica e outro, por instalar e manter os sistemas de monitoramento que revelam de que modo aquela infraestrutura está funcionando. Não surpreende que praticamente todos os governos enfrentem conflitos de autoridade, responsabilidade duplicada e redundante e ineficiência administrativa.

4.3.5 Corrupção demais

Os fracassos mais tristes da gestão hídrica são causados pela corrupção. A Transparência Internacional, entidade que monitora a corrupção, constatou várias vezes que o setor de infraestrutura hídrica é um dos mais corruptos. Um dos exemplos mais divulgados foi o de Masupha Sole, ex-presidente do Departamento de Desenvolvimento das Montanhas do Lesoto, na África. Em 2002, Sole foi considerado culpado de aceitar mais de US$ 6 milhões em propinas de empresas de engenharia e construção civil. Até ser condenado a cumprir

18 meses de prisão, ele administrava um projeto hídrico de US$ 8 bilhões que envolvia a construção de cinco represas e vários canais grandes para armazenar e transferir água, gerar energia hidrelétrica e desenvolver o setor rural no sul da África. O processo na Justiça foi o ápice de uma investigação que revelou uma teia complexa e intrincada de corrupção no setor hídrico que envolvia 12 grandes empresas multinacionais.

O impacto da corrupção está bem explicado no *Global Corruption Report 2008* da Transparência Internacional, de autoria de Kristen Lewis e Roberto Benton. Eles alertam:

> A sedução de aproveitar projetos de grande orçamento para ganho privado pode impedir as autoridades de explorar uma gama maior de alternativas, como a conservação da água. Especificamente, tomadores de decisão corruptos podem favorecer projetos em que se concentrem os pagamentos de propinas e que possam ser facilmente apropriados por eles ou seus parceiros escolhidos em detrimento de projetos menores que dispersam mais amplamente o pagamento de propinas.

Uma das maiores críticas ao Projeto Água das Montanhas do Lesoto feitas por seus detratores foi que a conservação de água atenderia a toda a necessidade hídrica durante 12 a 15 anos e, portanto, adiaria ou mesmo eliminaria por completo a necessidade de aumentar a oferta de água com nova transposição. Em vez disso, o projeto desvia 40% da vazão média do rio Senqu e a transporta por centenas de quilômetros de canais e adutoras até a província de Gauteng, na África do Sul.

A corrupção hídrica assume muitas formas, a maioria delas muito mais sutis do que um simples suborno. McCool (2012) explicou o papel da manipulação política nos projetos de desenvolvimento de recursos hídricos dos Estados Unidos no século XX:

> Tanto o Corpo [de Engenharia] quanto o Congresso não demoraram a perceber que alguma forma de projeto do Corpo, pago pelos contribuintes americanos, geraria muitos votos e contribuições para a próxima campanha parlamentar. Os projetos hídricos ajudariam muitos parlamentares a se eleger – e outra vez, e mais outra. Os projetos se tornaram um tipo de moeda política a ser trocada nos corredores do Congresso por votos e favores. Em resumo, é por isso que temos tantas represas, diques, canais e vias aquáticas. Às vezes os projetos têm interesse nacional, de vez em quando estão de acordo com princípios econômicos sensatos, mas é raro serem construídos de forma ambientalmente sensata, e às vezes são um grande desperdício de dinheiro.

Na Índia, essa é a chamada *política do banco de votos*. Como explica K. J. Joy, pesquisador hídrico e ativista do país,

> a água é um captador de votos. Todos os políticos e partidos prometem água e eletricidade gratuita ou barata para bombear água como parte das promessas populistas para angariar votos. Isso provocou o caos no setor hídrico, excesso de bombeamento da água subterrânea e tentativas fracassadas de ampliar os projetos hídricos de superfície além de sua capacidade.

4.4 O QUE FAZER PARA MELHORAR A GOVERNANÇA HÍDRICA?

O legado de Thomas Jefferson, terceiro presidente norte-americano e principal autor da Declaração de Independência que libertou o país do domínio britânico, é extremamente visível onde moro, em Charlottesville, no Estado da Virgínia. A bela casa de Jefferson em Monticello fica no alto de um morro que dá para a cidade e a Universidade de Virgínia, que Jefferson projetou e fundou e onde dou aulas sobre água. Jefferson foi um porta-voz eloquente dos direitos e papéis dos cidadãos comuns e acreditava com fervor que os cidadãos têm um papel absolutamente essencial na configuração dos governos. Ele também sabia muito bem que os cidadãos precisam estar bem informados para efetivamente controlar seu destino. E dizia: "Os cidadãos bem informados são o único e verdadeiro repositório da vontade pública".

Minha sincera esperança é que este livro possa ajudar os interessados ou preocupados com a água a se informar melhor sobre as opções disponíveis e venha a estimular um envolvimento muito maior dos cidadãos na tomada de decisões sobre a água. No entanto, será preciso mais do que cidadãos bem informados para permitir o envolvimento mais amplo de usuários e interessados na alocação, no planejamento e na gestão da água. Os governos têm de se dispor a provocar e aceitar esse envolvimento em decisões que, durante muito tempo, estiveram sob seu domínio exclusivo. Felizmente, um forte vento de mudança sopra em muitos corredores governamentais do mundo inteiro e cria novas oportunidades para indivíduos, comunidades e empresas ajudarem a resolver nossa crise hídrica.

4.5 A ÁGUA É RESPONSABILIDADE DE TODOS

O conceito de sistema de governança hídrica, se bem implementado, traz esperança e oportunidade consideráveis para que cidadãos e empresas privadas se envolvam de forma mais direta na gestão de sua água. Em vez de considerar o governo árbitro único da água, a abordagem da governança pode expandir bastante os papéis e responsabilidades na alocação da água, em sua regulamentação e no equilíbrio do balanço hídrico. No entanto, é importantíssimo entender que as estruturas e funções da governança precisarão ser ajustadas sob medida às regiões e até a fontes de água específicas. Também é importante entender que raramente será vantajoso ou desejável suplantar os papéis primários do governo, como a alocação e regulamentação da água. Em vez disso, os novos participantes da governança hídrica deveriam buscar modos de fortalecer as funções essenciais do governo.

A busca de governança hídrica eficaz é, em essência, a busca do equilíbrio correto de autoridade, liderança e recursos entre os órgãos do governo, o setor privado e a sociedade civil. O setor privado inclui grandes e pequenas empresas de todos os tipos, muitas das quais usam necessariamente muita água, como na geração de energia, na mineração, na manufatura e na agricultura. A sociedade civil é formada por indivíduos e entidades preocupados com a água, que vão de ativistas da proteção de bacias hidrográficas a agricultores de subsistência, e também inclui organizações não governamentais que defendem interesses sociais ou ambientais.

A implementação da boa governança hídrica exigirá solicitar e equilibrar a contribuição e a influência de interesses públicos e privados. Isso não significa que cada grupo deva se envolver profundamente em todas as instâncias. Na Índia e em alguns outros países, por exemplo, há muita preocupação com a influência de empresas privadas na questão da água. O equilíbrio certo, portanto, é aquele mais adequado à cultura, à legislação e à economia de cada lugar.

O processo de governança hídrica é muito parecido com a tentativa de equilibrar um seixo em cima do outro, como na Fig. 4.1. É preciso explorar, ajustar e arrumar até encontrar o ponto de equilíbrio correto de cada pedra. Descobri que essa metáfora da pedra equilibrada é muito útil em meu trabalho. Ao me envolver nas questões hídricas de um novo lugar, costumo começar com uma avaliação do equilíbrio ou desequilíbrio dos participantes. A capacidade do governo é suficientemente grande ou receptiva ao envolvimento externo? As empresas privadas exercem influência demasiada sobre a tomada de decisões? Provocam problemas com seu uso da água? Seus recursos poderiam ser usados com efeito benéfico? Os cidadãos preocupados e as organizações não governamentais têm acesso suficiente a dar opiniões com eficácia? São suficientemente informados sobre as questões hídricas para dar boas contribuições?

Quando cidadãos e interesses privados se envolverem mais na governança hídrica e na tomada de decisões, haverá muitas funções e papéis a serem examinados, ajustados e fortalecidos. Aqui, só as necessidades mais comuns são abordadas.

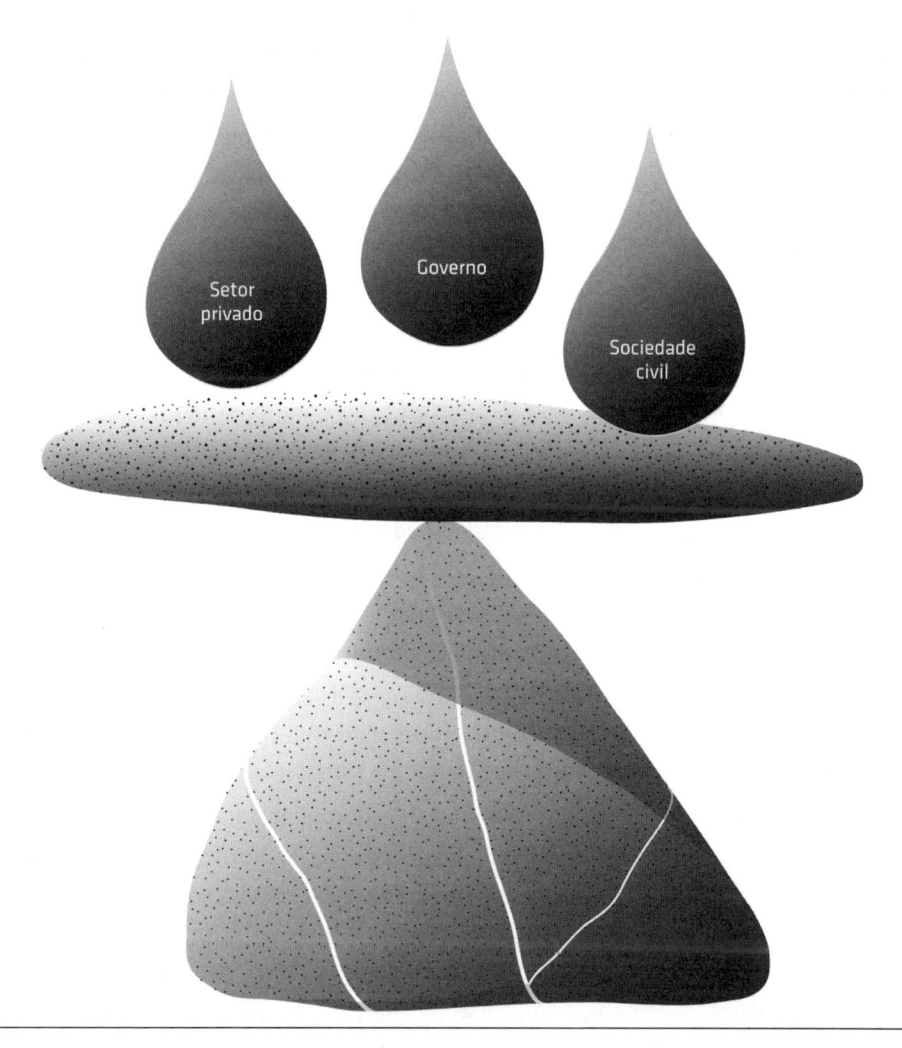

FIG. 4.1 *A governança hídrica pode ser visualizada como um ato de equilíbrio entre governo, setor privado e sociedade civil. Obter uma boa governança é como equilibrar um seixo, com cada setor apresentando peso diferente na tomada de decisões e ameaçando desequilibrar a pedra. Quando a situação não vai bem, pode ser útil perguntar se a influência de cada setor tem peso adequado*

4.5.1 Assegurar financiamento adequado e estável

Em primeiro lugar, é importantíssimo apoiar financeiramente o esforço do governo para bem gerir nossos recursos hídricos. Como já discutido neste capítulo, há muitas despesas associadas à gestão e à governança adequadas da água que todos usamos, e precisamos ajudar a custear esses serviços essenciais. Há muitas maneiras de gerar receita pública com esse propósito, mas a ênfase deveria recair sobre as estratégias de financiamento que mais possam suportar reveses na economia geral e aguentar mudanças políticas do governo.

O Estado da Flórida, nos Estados Unidos, é um exemplo que inspira cautela. Durante muito tempo, seus cinco distritos de gestão hídrica foram louvados como o melhor exemplo de órgão governamental bem administrado. Com sustentação financeira relativamente estável, advinda de um tributo sobre a propriedade de imóveis, os distritos hídricos da Flórida se tornaram líderes amplamente reconhecidos da proteção das bacias hidrográficas, da recuperação ambiental, da conservação da água, do monitoramento hídrico e climático e da preservação da saúde ecológica de fontes de água do Estado, ao mesmo tempo que permitiam um forte crescimento econômico. No entanto, quando eleito, em 2011, o novo governador ordenou cortes profundos no orçamento dos distritos hídricos na tentativa de reduzir o fardo tributário dos habitantes do Estado num período difícil de recessão econômica, o que resultou na grande redução da capacidade de coleta de dados, pesquisas e outras iniciativas. Não obstante nenhum orçamento de órgão público seja imune a cortes e em muitos casos esses ajustes orçamentários sejam apoiados pelo público em geral, é importantíssimo dar atenção ao conselho de Jefferson de instruir e informar continuamente os cidadãos para que entendam o que perderão quando houver reduções orçamentárias. Como Jefferson sugeria, essa educação os capacitará a participar mais produtivamente da governança.

4.5.2 Planejar a longo prazo

Outro aspecto muito importante da boa governança hídrica é o planejamento a longo prazo. Muitos órgãos ou grupos de governança ligados à água adotaram um horizonte de planejamento de 50 anos para a gestão hídrica, o que oferece oportunidades importantes de prever a necessidade futura de água e possíveis mudanças de disponibilidade devidas a projeções climáticas e, assim, planejar e orçar ponderadamente as atividades e a infraestrutura hídrica para atender à necessidade das próximas décadas. Um horizonte de planejamento extenso ajuda a diluir o custo da infraestrutura necessária e outras despesas grandes sem impor aumentos repentinos no preço da água para custear tais investimentos. Embora faça muito sentido planejar com bastante antecedência, também é importante rever regularmente esses planos de longo prazo, de modo a incorporar mudanças das projeções. Por exemplo, muitos órgãos ou grupos de planejamento hídrico ajustam esses planos de meio século a intervalos regulares, como de cinco em cinco anos.

4.5.3 Encontrar maneiras de coordenar melhor

Não há receita à prova de erros para garantir que os indivíduos e departamentos de um sistema de governo grande e complicado se comuniquem e coordenem seus planos adequadamente. Não existe uma estrutura organizacional perfeita para ministérios, agências ou departamentos capaz de assegurar que todos os colaboradores importantes sempre se reúnam para conversar sobre os tópicos certos na hora certa ou alinhem suas ações com eficácia. No entanto, estudos de caso do mundo inteiro indicam que aquíferos e bacias hidrográficas podem ser um eixo utilíssimo para organizar diálogos sobre a água, ajudando a coordenar e concentrar as discussões e a ação em questões hídricas que sejam pertinentes a uma fonte de água específica. Existem exemplos numerosos de conselhos hídricos, distritos de gestão de aquíferos e organizações de bacias hidrográficas que funcionam bem e cujo foco é uma única fonte de água. Essas entidades podem ser criadas por autoridades políticas ou formadas por cidadãos locais interessados. Seja qual for sua origem, a característica importante dessas cooperativas baseadas na água é se organizarem em torno de questões pertinentes a uma fonte específica.

Um desafio primário é decidir a escala mais eficaz para coordenar atividades e decisões. Imagine a dificuldade de planejar o futuro hídrico de uma bacia hidrográfica imensa como a do Colorado ou do Brahmaputra! Em regra, o círculo de diálogo deveria ser o menor possível, mas com o tamanho necessário para abordar o problema em questão. Por exemplo, uma comunidade local pode achar desejável nomear um grupo de membros para comandar as discussões sobre uma pequena bacia hidrográfica de alguns milhares de hectares que lhe fornece a água. No outro extremo, a preocupação com a poluição do Mar Negro, no sudeste da Europa, reuniu 17 países para elaborar os acordos internacionais necessários para atacar o problema. Às vezes, poderá ser útil um sistema de grupos concêntricos de planejamento, no qual alguns se concentrem em questões internas das sub-bacias e outro se responsabilize pela coordenação e pelo planejamento geral na escala da bacia inteira.

A escolha da escala para resolver dificuldades hídricas deveria sempre ocorrer com base nas questões e problemas abordados. Alguns é melhor resolver tomando chá com os vizinhos, mas outros só podem ser discutidos por representantes de alto nível de grandes setores econômicos, grupos de interesse ou governos. Os fios comuns que passam por todas as negociações hídricas duráveis e bem-sucedidas são respeito, confiança e a sensação de ser um dos proprietários do processo. A divisão ou a administração da água será melhor quando entendermos o que cada um de nós quer e precisa. E isso só pode acontecer quando as pessoas conversam entre si e aprendem umas com as outras.

4.5.4 Aprender com os outros e emular as práticas que dão certo

Há, literalmente, milhares de fontes de água locais em nosso planeta. Há muito a aprender tanto com os erros quanto com os sucessos cometidos até hoje na gestão desses aquíferos e bacias hidrográficas. No próximo capítulo, mostrarei sete princípios de sustentabilidade que levaram ao sucesso em vários locais. Talvez seja útil aproveitar esses princípios como um tipo de boletim para avaliar como uma fonte de água local está sendo gerida. Essa avaliação também pode ajudar a identificar, no atual sistema de gestão hídrica, pontos fracos que possam tornar-se focos de ação coletiva e comunitária para aprimorar a governança. No Cap. 6, darei alguns exemplos de grupos de usuários que estão trabalhando para melhorar a governança de sua fonte de água.

cinco

Sete princípios de sustentabilidade

> Todo mundo achava que era uma maldição de Deus. Alguns achavam que tinham sido enfeitiçados. Mas depois a gente percebeu que eram aquelas represas. As represas estão engolindo um monte de água. Agora a água não chega mais até aqui.

O chefe Omar Abdalla Hama descrevia assim a situação terrível enfrentada por sua tribo da aldeia Ozi desde que cinco grandes represas foram construídas bem a montante do rio Tana, no leste do Quênia. Durante minha visita em 2011 com colegas da Nature Conservancy, Hama nos implorou que ajudássemos a salvar seu povo da fome. Enquanto andava pelos *shamas*, ou campos de cultivo da aldeia, ele apontou os pés murchos de arroz que não recebiam mais a água doce das cheias do rio de que precisavam para crescer. As represas tinham eliminado o processo natural das cheias. Hama contou histórias de muitos integrantes da comunidade que fugiram da aldeia para procurar comida em outro lugar.

As represas de que Hama se queixava foram construídas no final da década de 1970 e início da de 1980 para captar as cheias do rio Tana na estação das chuvas e dar à água uso urbano. A água e a eletricidade geradas pelas represas são importantíssimas para a capital, Nairobi, e outras cidades menores. Mas agora o rio não pode mais sustentar adequadamente as centenas de milhares de pessoas que vivem em suas margens, com meio de vida e sobrevivência intimamente ligados à sua vazão natural.

Em sua forma livre, os rios grandes como o Tana são um dos ecossistemas mais produtivos e que sustentam mais vidas no planeta. Esses supermercados naturais continuam a alimentar centenas de milhões de pessoas pobres todos os dias. A pesca no rio e nas cheias é uma fonte muito importante de alimento e renda para pelo menos um bilhão de habitantes de regiões em desenvolvimento. Por exemplo, os peixes do rio Mekong são a principal fonte de proteína de 60 milhões de pessoas.

A situação não precisaria ter piorado para Hama e sua aldeia Ozi. Se as represas tivessem sido projetadas e funcionassem de outra maneira, poderiam continuar liberando uma ou duas cheias anuais, suficientes para manter a pesca e o plantio de várzea ao longo do baixo Tana e de seu delta, ao mesmo tempo que forneceriam água e eletricidade às cidades. Mas as centenas de milhares de habitantes das margens do rio e que dele dependem não foram consultadas sobre as represas e seus possíveis impactos e sua necessidade não foi levada em conta na construção.

Os recursos hídricos não podem ser geridos de maneira justa, equitativa e sustentável sem dar a todos os interessados e afetados a oportunidade de exprimir seus valores e necessidades. Construir uma visão compartilhada do uso da fonte de água é um dos sete *princípios de sustentabilidade* que apresentarei neste capítulo (Quadro 5.1). A aplicação desses sete princípios não garante o sucesso da gestão hídrica, mas indícios de milhares de aquíferos e bacias hidrográficas do mundo inteiro mostram que, quando alguns desses princípios são negligenciados, o potencial de conflito social aumenta substancialmente. Também há provas abundantes de que cada um desses princípios pode ser muito útil quando bem aplicado.

Quadro 5.1 SETE PRINCÍPIOS DE GESTÃO HÍDRICA SUSTENTÁVEL

Princípio n° 1	construir uma visão compartilhada do futuro hídrico da comunidade.
Princípio n° 2	estabelecer limites ao uso consuntivo total de água.
Princípio n° 3	alocar um volume específico a cada usuário, monitorá-lo e impô-lo.
Princípio n° 4	investir no potencial máximo de conservação da água.
Princípio n° 5	permitir o comércio de direitos de uso de água.
Princípio n° 6	caso água demais seja usada consuntivamente, subsidiar a redução do consumo.
Princípio n° 7	aprender com os erros ou ideias melhores e ajustar o rumo pelo caminho.

5.1 Um arcabouço de gestão hídrica

No Cap. 3, descrevi seis ferramentas que podem ser usadas para reequilibrar o balanço hídrico que estiver no vermelho. No entanto, nenhuma ferramenta será usada com eficácia sem a planta do que se quer construir com ela. Nenhuma das ferramentas discutidas anteriormente será útil a longo prazo na ausência de um arcabouço de governança hídrica que oriente seu uso. Neste capítulo, apresento o começo de um arcabouço para construir um programa hídrico sustentável sob a forma de sete princípios condutores que serão úteis a comunidades e governos que queiram seguir o caminho da sustentabilidade hídrica. Há muitas abordagens da gestão da água que tiveram sucesso mesmo omitindo alguns componentes aqui descritos, mas cada um desses princípios pode ajudar a garantir o êxito.

5.1.1 Princípio nº 1: construir uma visão compartilhada do futuro hídrico da comunidade

Em meu trabalho com grupos comunitários, sempre começo perguntando como acham que deveria ser a boa gestão hídrica. Invariavelmente, muitos dirão que querem que suas fontes de água sejam geridas de forma sustentável. Mas a maioria de nós tem dificuldade de definir sustentabilidade ou traduzi-la num plano de ação. Peter Gleick, analista de políticas hídricas muito respeitado, apresentou uma definição de uso sustentável da água que constitui um ótimo ponto de partida: "uso de água que sustenta a capacidade da sociedade humana de durar e prosperar em um futuro indefinido sem prejudicar a integridade do ciclo hidrológico nem os sistemas ecológicos que dele dependem" (Gleick, 1996).

Embora a maioria das comunidades e governos provavelmente adote essa aspiração, pouquíssimos obtêm nota alta quando ela é mensurada. Atribuo boa parte desse fracasso, tão bem ilustrado pelas dificuldades da Síria e pela história do rio Tana, ao fato de os governos não perguntarem aos usuários de água o que querem ou de que precisam nem facilitarem o diálogo que poderia levar a uma visão compartilhada dentro da comunidade, problema abordado no último capítulo. Quando uma fonte de água compartilhada é usada em demasia ou quando os usuários não obtêm o que querem ou precisam, é certo que surgirão conflitos.

No entanto, desenvolver uma visão compartilhada da água não é um desafio pequeno. Hoje, no planeta, há muitas demandas concorrentes aos recursos hídricos. Todos os membros da comunidade querem oferta suficiente de água limpa para atender às necessidades básicas de beber, cozinhar e lavar. Alguns indivíduos e suas famílias podem querer água suficiente para cultivar a própria comida e talvez um excedente para levar ao mercado, ou água suficiente no rio local para sustentar a pesca produtiva. Alguns podem querer água para cultivar flores ou um gramado para embelezar sua propriedade. Alguns podem querer água suficiente no lago ou no rio para permitir a recreação, como passeios de barco, ou para levar seus produtos ao mercado. Alguns podem valorizar muito a presença da água corrente no rio por razões estéticas, porque sua religião ou espiritualidade está ligada à água corrente ou porque querem que os ecossistemas naturais e a biodiversidade sejam mantidos.

Empresas públicas ou privadas podem querer a água para fornecer bens ou serviços, como água potável ou energia elétrica, à comunidade. Outras empresas querem água para produzir bens de consumo e vendê-los com lucro: fazendeiros produzem e vendem safras e carne, industriais fabricam os produtos usados para construir casas e empresas ou para enchê-las de coisas que mantêm nosso sustento ou modo de vida.

Todos esses objetivos exigem retirada e uso consuntivo de água. Não admira que, quando nossas fontes de água sofrem pressão, todos tenhamos opiniões e pontos de vista diferentes sobre o modo de usar e gerir essa água.

É provável que facilitar de modo eficaz e equitativo o diálogo local sobre o compartilhamento da água se torne o maior desafio social do século XXI em regiões do globo com escassez. No próximo capítulo, discutirei alguns processos sociais que parecem bem-sucedidos ao unir comunidades e usuários de água para discutir necessidades e valores. A capacidade de reunir, facilitar e manter um diálogo franco sobre valores e necessidades é essencial para a governança hídrica sólida. As comunidades de usuários precisarão abordar, de forma franca e explícita, questões difíceis: a prioridade é maximizar a produtividade econômica e o número de empregos? Até que ponto valorizamos a equidade social, isto é, gerir a água de modo a permitir que todos os membros da comunidade tenham suas necessidades básicas atendidas, talvez até tenham acesso a água suficiente para gerar renda ou simplesmente sejam capazes de pagar a conta de água todo mês? Quanta água queremos deixar nos rios locais para sustentar a pesca, dar oportunidades de recreação, manter os serviços benéficos do ecossistema ou promover valores estéticos ou espirituais?

Usar e gerir a água de maneira que toda a comunidade de usuários considere ótima ou sustentável é dificílimo. Mas temos de tentar ao máximo encontrar maneiras de compartilhar a água que sejam justas, equitativas e mutuamente aceitáveis. Há limite ao quanto pode circular, ao que qualquer comunidade pode acessar com sensatez. Como me disse Kevin Rogers, da África do Sul, a respeito das dificuldades enfrentadas por seu país ao sair do *apartheid*, em meados da década de 1990: "Em nossa alocação de água, veremos o que a democracia significará para nosso país". Todas as regiões com escassez de água do mundo enfrentam esse mesmo desafio da governança hídrica.

Quanto uso é excesso de uso?

Com base em nossa avaliação da escassez de água e seu impacto sobre comunidades, economias e ecossistemas locais, eu e meus colegas identificamos alguns limiares de uso que podem ser úteis para as comunidades deliberarem como usar a água disponível. Esses limiares não são universais, fixos nem inflexíveis, mas algumas regrinhas gerais podem ser bastante instrutivas.

Em primeiro lugar, indícios crescentes do mundo inteiro mostram que, quando a vazão cotidiana de um rio se reduz mais de 20%, fica cada vez mais provável que a saúde ecológica desse rio – seu ecossistema – sofrerá (Richter et al., 2012). Isso significa que a população de espécies aquáticas, como os peixes, pode começar a se reduzir, algumas espécies sensíveis podem desaparecer completamente e a capacidade do rio de cumprir importantes funções ecológicas, como arrastar resíduos ou outros poluentes, diminuirá cada vez mais. Inspira preocupação considerável o fato de mais da metade dos rios do mundo estar se reduzindo mais de 20% em alguma parte do ano, o que ajuda a explicar por que animais de água doce, como peixes, tartarugas e rãs, são os grupos de espécies que mais correm risco em nosso planeta (Hoekstra et al., 2012).

Parece que o limiar ecológico de aquíferos e lagos pode ser ainda mais delicado que o dos rios. Essas fontes de água constituem um dilema bastante irônico: podem armazenar volumes de água tremendos, mas até pequenas alterações em seu nível provocam danos ecológicos. Em ecossistemas lacustres, por exemplo, muitas plantas e animais aquáticos e muitos processos ecológicos importantes dependem extremamente da presença de charcos e outros *habitat* de água rasa formados na orla do lago. Uma queda de apenas 1 m do nível do lago ou até menos pode secar e prejudicar esses *habitat* e processos, com consequências graves para a produtividade do ecossistema lacustre como um todo. Do mesmo modo, muitos aquíferos rasos escoam continuamente em rios e fontes, oferecendo uma vazão confiável e importantíssima, e geralmente mais fria, em tempos de seca. Quando o nível do aquífero cai devido ao excesso de bombeamento, sua vazão em rios e riachos pode desaparecer.

Embora essas regrinhas gerais possam dar boas indicações do nível de desgaste hídrico capaz de provocar danos ecológicos, o esforço de planejamento deveria incluir, sempre que possível, a investigação mais profunda da sensibilidade ecológica dos ecossistemas de água doce que possam ser afetados pelo uso da água. Uma avaliação científica da vazão ambiental pode ajudar a determinar o volume e a época da vazão hídrica necessária para manter a saúde ecológica e outros valores sociais. Diversas abordagens podem ser adotadas com esse propósito, com custo e dedicação de tempo variados. Com o investimento numa avaliação da vazão ambiental, os planejadores e comunidades de usuários compreenderão melhor que espécies ou as funções do ecossistema que são afetadas em diversos níveis de desgaste hídrico.

Do mesmo modo, não há limiares absolutos nem universais de desgaste hídrico nos quais a produtividade econômica será prejudicada. Mas, como discutido no Cap. 1, parece que, quando mais da metade da oferta disponível de água renovável se reduz de forma constante, a comunidade de usuários provavelmente correrá risco grave de ficar sem água em períodos com chuva ou neve abaixo da média. Quando surge, a falta de água pode provocar grande impacto econômico.

Em toda a faixa que vai de 0% a 100% de desgaste de uma fonte hídrica, existe uma longa linha contínua de opções para a gestão hídrica. Não há regra de ouro que determine o nível ótimo de uso ou gasto de água; essa decisão tem de ser tomada pela comunidade que compartilha uma determinada fonte, idealmente com uma abordagem de governança hídrica eficaz, como discutido no Cap. 4. A comunidade deve equilibrar a proteção ecológica e a necessidade humana básica de água com a produtividade econômica. Essa decisão deveria ser perpetuamente revista, a intervalos regulares ou em épocas de crise, porque as necessidades e os valores de usuários e outros cidadãos mudam com o tempo.

Construir uma visão compartilhada o mais cedo possível

Embora haja muitas razões convincentes para desenvolver uma visão compartilhada da gestão de fontes locais de água antes que a oferta sofra pressão ou uma crise surja, parece que um dos maiores defeitos da humanidade é nossa incapacidade de usar as informações disponíveis para planejar e agir com presciência. É muito mais comum avançarmos pelo caminho sem nenhum plano até os problemas surgirem. Só então tomamos providências corretivas. Como sabe qualquer indivíduo ou governo que tenha passado por falência, é muito mais fácil reduzir gastos aos poucos, gradualmente, do que implementar cortes de orçamento severos e dolorosos durante uma crise tributária.

Um exemplo revelador é o Parque Nacional Tablas de Daimiel, na Espanha, com mais de 2.000 ha de terra pantanosa ao longo do rio Guadiana. O lençol freático pouco profundo sob o parque é recarregado pela precipitação e por infiltrações do rio. No entanto, a vazão do Guadiana foi muito exigida nas últimas décadas pelo consumo agrícola de água, resultando numa grande redução da recarga do lençol freático. Além disso, os agricultores cavaram muitos poços nos limites do parque. Em consequência, o nível do lençol freático baixou mais de 20 m no parque, secando os charcos.

Quando o calor disparou no verão de 2009, a matéria orgânica seca dos charcos entrou em combustão espontânea. Fotos desse violento incêndio apareceram em jornais e canais de TV de toda a Europa ocidental. Os repórteres mostraram a catástrofe como exemplo do que não fazer na gestão hídrica. O turismo no parque acabou, afetando a economia das comunidades locais.

Preocupada com os impactos ecológicos – os charcos do parque eram considerados de importância internacional –, a União Europeia deu dez semanas ao governo espanhol para explicar como resolveria o problema. Incapaz de reduzir de imediato a extração de água do rio e do aquífero, as autoridades do governo resolveram transferir água do rio Tangus, a 150 km, para recarregar temporariamente o parque, a um custo considerável. Hoje, o governo espanhol e as comunidades locais percebem que terão de reduzir agressivamente o uso consuntivo da água do rio e do aquífero se quiserem continuar a gozar da receita turística e de outros benefícios do parque.

Esses distúrbios econômicos, sociais e ecológicos poderiam ter sido evitados com a elaboração do balanço hídrico do rio e do aquífero para facilitar o diálogo comunitário sobre o uso da água e com a adoção de regras hídricas correspondentes a essa visão comunitária.

5.1.2 Princípio nº 2: estabelecer limites ao uso consuntivo total de água

Criar uma visão compartilhada da gestão de uma fonte de água, como discutido no princípio nº 1, é um precursor extremamente desejável da criação de regras práticas para concretizar essa visão. A regra mais importante que uma comunidade de usuários pode adotar será a criação de um teto ou limite máximo do uso consuntivo total de água. Sem esse limite, é bem provável que o desgaste da fonte de água acabe avançando até o ponto em que impactos bastante indesejáveis começam a surgir.

Estabelecer um teto para o volume total de água de uma fonte que pode ser consumido não significa necessariamente que novos usos da água tenham de ser impedidos depois de atingido o teto. Se os usuários existentes se tornarem mais eficientes, ou seja, usarem menos água para atingir os mesmos propósitos, a água poupada pode ser disponibilizada para novos usos. Por exemplo, mais moradores podem ser acrescentados a uma cidade em crescimento sem provocar aumento do volume total de água usada se todos na cidade conseguirem reduzir o volume gasto por dia. Do mesmo modo, as plantações podem aumentar sem que o consumo total cresça se todos os agricultores conseguirem irrigar com mais eficiência. Além disso, pode-se obter oferta nova ou adicional de água com uma ou mais ferramentas de oferta descritas no Cap. 3, como importar água de outra fonte ou dessalinizar água do mar, evitando, assim, a necessidade de aumentar o uso de fontes locais de água doce.

Há muitas maneiras de limitar ou controlar a utilização de água com regulamentos ou incentivos. São apresentados aqui três exemplos muito usados, baseados na concessão de direitos de uso de água descrita no Cap. 4 (ver o Quadro 4.1).

Primeira opção: criar uma fila virtual de concessão de direitos e oferecer água a cada usuário da fila, em sequência, até que toda a água disponível tenha sido consumida

Por exemplo, no oeste dos Estados Unidos, muitos governos estaduais adotaram uma abordagem de concessão de direitos de água com base no conceito de quem chegar primeiro, leva: a doutrina da apropriação prévia (*prior appropriation doctrine*). Segundo essa abordagem, os usuários de água são enfileirados (imaginariamente, não na verdade!) de acordo com a data em que começaram a usar a água; essa data inicial estabelece o grau de prioridade de cada usuário no uso da água. O volume de água autorizado pelo direito de cada um se baseia na quantidade de água usada originalmente. A cada momento, cada usuário da fila recebe, em sequência, todo o volume a que tem direito até o esgotamento da água disponível. Isso não significa necessariamente que todos os usuários na fila serão atendidos até que a fonte seque por completo. Por exemplo, caso se tome a decisão de sempre deixar algum volume de água num rio ou lago para proteger a saúde ecológica, a fila de prioridades se encerrará quando só essa água ambiental restar na fonte.

Sem dúvida, o sistema de apropriação prévia foi útil para esclarecer os direitos de uso da água, mas o tempo revelou algumas deficiências dessa abordagem. Pode ser dificílimo saber quanta água os usuários da fila podem receber a cada momento, porque pode ser dificílimo acompanhar exatamente quanta água realmente está disponível dia a dia ou mês a mês. Também é complicado garantir que bloquear numa parte da bacia hidrográfica o detentor recente de um direito de uso assegure que restará água suficiente para atender às concessões de usuários mais antigos em outras partes da bacia, dada a imensa dificuldade em saber quando e onde ocorre cada retirada de água, cada vazão de retorno e cada perda consuntiva em cada momento. Talvez a maior deficiência dos sistemas de apropriação prévia seja o fato, tão bem ilustrado pela história do rio Colorado, no Cap. 1, de que só muito recentemente os ecossistemas e as espécies de água doce receberam um lugar na fila de concessões, o que faz com que, em épocas de escassez, a natureza costume ser a primeira a perder.

Segunda opção: criar uma reserva de água para assegurar que as necessidades humanas básicas e os ecossistemas sejam protegidos e depois alocar o restante

Por exemplo, atualmente a África do Sul está criando uma reserva de água em cada uma das bacias hidrográficas do país. Essas reservas específicas das bacias têm duas partes: uma para necessidades humanas básicas, que ajuda a assegurar que todos os habitantes da bacia recebam água suficiente para atender a necessidades básicas como beber, cozinhar e lavar, e uma reserva ecológica, que pretende deixar em rios e lagos água suficiente para manter a saúde ecológica. Depois de quantificada essa dupla reserva para cada fonte de água doce, a oferta de água remanescente pode ser alocada para outros fins sob a forma de direitos. A lei nacional da água que institucionalizou esse conceito de reservas de água na África do Sul é amplamente reconhecida como uma grande inovação da política hídrica por proteger tanto as necessidades humanas básicas quanto os ecossistemas de que muitos sul-africanos dependem para seu sustento e sua segurança alimentar.

A implementação dessa abordagem das reservas enfrentou muitas das dificuldades mencionadas anteriormente a respeito da abordagem da apropriação prévia. Em particular, tem sido dificílimo saber quanta água pode ser alocada sob a forma de direitos, porque a necessidade ecológica não permanece constante; em outras palavras, a reserva ecológica é extremamente variável. Muitas prescrições hídricas preparadas pelos cientistas fluviais do país na tentativa de quantificar as reservas ecológicas contêm especificações detalhadíssimas para manter diversos níveis do rio nas várias épocas do ano, ou durante secas ou períodos de cheia, a fim de oferecer as condições desejadas do *habitat* ou das funções ecológicas. Essa exigência ecológica flutuante frustrou os gestores hídricos do país, que precisam obedecer continuamente a essas metas ecológicas e, ao mesmo tempo, atender aos direitos à água de outros usuários.

Terceira opção: estabelecer um teto para o volume total de água que pode ser usado consuntivamente nos anos mais secos, mas permitir alocação adicional em anos chuvosos

Os australianos implementaram uma variação dessa abordagem na bacia hidrográfica Murray-Darling ao criar dois tipos de direito à água: um direito de alta estabilidade a um volume específico de água, que se pretende exercer praticamente em todos os anos, e outro de baixa estabilidade cujo volume pode ser ajustado ano a ano de acordo com a oferta disponível. O volume total de água alocada à soma desses direitos é limitado, para assegurar que haja água suficiente no sistema fluvial para proteger a saúde ecológica.

Ao decidir quanta água alocar aos direitos de alta e baixa estabilidade, os australianos, assim como os sul-africanos, recorrem intensamente à análise científica das necessidades do ecossistema para determinar quanta água se deve deixar nos rios para mantê-los saudáveis. No entanto, há uma diferença sutil, mas muito importante, no modo como a água é fornecida com propósitos ecológicos na Austrália. Em vez de se concentrar em manter um regime flutuante e cientificamente prescrito de vazão do rio, que se mostrou bastante difícil de implementar na África do Sul, a abordagem australiana se concentra em limitar quanta água do rio pode ser desviada e usada consuntivamente, deixando o restante no ecossistema fluvial. Uma versão simplificada dessa abordagem está ilustrada na Fig. 5.1.

Tenho forte preferência por essa abordagem, que chamarei de sistema de teto flexível de alocação da água. Por restringir a água que pode ser consuntivamente usada sem tentar a gestão contínua de um alvo ecológico em movimento, ela se mostrou muito mais fácil de implementar. Além de proteger explicitamente os ecossistemas de água doce, a abordagem do teto flexível pode ser usada com eficiência para garantir que as necessidades humanas básicas sejam atendidas com um direito de alta estabilidade, como será discutido com mais detalhes a seguir, no princípio nº 3.

O teto dos direitos de alta estabilidade permite ter certeza da água que se pode usar nos anos mais secos, enquanto a flexibilização possibilita que os usuários tenham acesso a água adicional por meio de direitos de baixa estabilidade nos anos mais chuvosos, promovendo, portanto, a máxima produtividade econômica.

A abordagem do teto flexível enfrenta algumas dificuldades, discutidas nas duas outras opções, mas sua aplicação na bacia hidrográfica de Murray-Darling, na Austrália, indica que pode ser bastante prática e robusta. Uma das maiores dificuldades da determinação dos tetos mensais é prever a provável alteração da disponibilidade mínima de água em razão de mudanças climáticas futuras. Para proteger os ecossistemas de água doce em todas as condições climáticas, é preciso tomar cuidado ao determinar o teto do volume total dos direitos de alta estabilidade, e os gestores hídricos deveriam preservar para si o direito de ajustar esse volume como indicado por novos achados científicos.

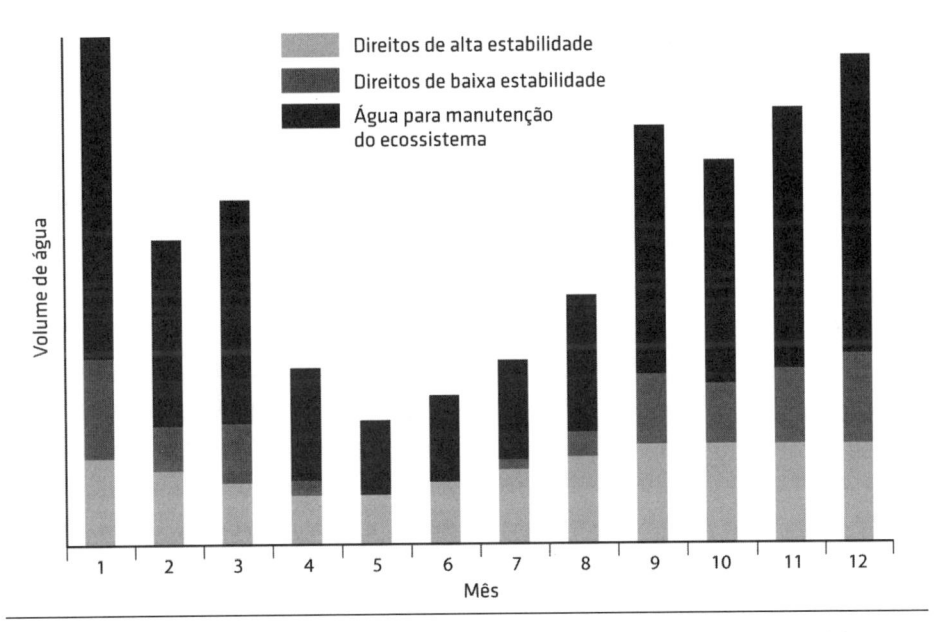

FIG. 5.1 *Esse gráfico ilustra o conceito de teto flexível num ano hipotético. O volume total dos direitos de alta estabilidade é fixo em cada mês do ano. Esse teto mensal dos direitos de alta estabilidade é calculado de modo que, nos anos mais secos, ainda reste no ecossistema alguma água para proteger a saúde ecológica. Esses tetos mensais não variam de ano para ano. Nos anos mais úmidos, pode-se usar água adicional além do teto, representada pelos direitos de baixa estabilidade (a flexibilização). Como nos direitos de alta estabilidade, o volume dos direitos de baixa estabilidade se mantém em um nível que forneça ao ecossistema água adicional em anos mais chuvosos, permitindo, assim, a variabilidade ano a ano do nível de água necessário para garantir a saúde ecológica*

Outro grande desafio é saber quanta água pode ser alocada nos anos flexíveis, quando há água excedente disponível. Na Murray-Darling, grandes reservatórios de armazenamento nas áreas altas do sistema captam quase toda a oferta natural de água da bacia, que vem primariamente do degelo da Grande Cordilheira Divisória. Esses reservatórios se mostraram importantíssimos para medir a água disponível a cada ano, com base principalmente em quanta água eles armazenam, e para liberar a água para os usuários a jusante na época em que precisam dela. Toda primavera e durante a temporada de crescimento no verão, o volume de água alocado aos direitos de baixa estabilidade é ajustado em geral com base no volume de água armazenado nos reservatórios. Os direitos de baixa estabilidade resultantes variarão mês a mês ou ano a ano.

A mesma lógica do teto flexível pode ser aplicada a lagos ou aquíferos, porque eles efetivamente armazenam água de modo parecido com um reservatório de superfície. É relativamente fácil medir o volume de água acrescentado a um aquífero ou lago pela precipitação e pelo escoamento em meses recentes, de modo que o volume de água alocado aos direitos de baixa estabilidade pode ser ajustado com bastante rapidez.

Se a fonte de água for um rio e não for possível armazenar grande volume de sua vazão, será necessário desenvolver outros meios de alocar água aos direitos de baixa estabilidade, como usar o nível do gelo condensado do inverno para estimar o volume de água provavelmente disponível no próximo período de degelo. Felizmente, os avanços do monitoramento de água e da tecnologia de comunicação tornam cada vez mais factível a alocação de água em tempo real. Logo será comum ver alocações variáveis serem especificadas diariamente de acordo com o nível de água medido em rios, lagos ou aquíferos, com os usuários tendo acesso a essa informação pela internet.

5.1.3 Princípio nº 3: alocar um volume específico a cada usuário, monitorá-lo e impô-lo

Além de estabelecer limites ao volume total de água a ser alocado como direitos de uso, será necessário definir o volume que cada usuário está autorizado a gastar. Na maioria dos países, o direito de uso de água é concedido de forma permanente, mas especifica-se quando esse direito pode ser revogado ou modificado (veja na Tab. 4.1 exemplos das condições tipicamente impostas ao direito de usar a água). Embora esses processos de alocação da água possam e devam ser influenciados por contribuições de grupos comunitários e usuários locais, como discutido no Cap. 4, em geral um órgão do governo ou outra entidade de serviço público terá de supervisionar, gerir e vigiar o respeito aos direitos. Em outras palavras, a regulamentação ou governança de uma fonte de água precisa ser gerida como função pública no nível da comunidade, da bacia hidrográfica, do Estado, da província ou do país. Cada usuário solicita a esse órgão público o direito de usar um volume de água específico e depois obedece às regras e limites estabelecidos pelo órgão público. Este, como árbitro e proprietário supremo da água, pode revogar as concessões caso as regras sejam descumpridas. O órgão também pode modificar os direitos caso os valores e prioridades da comunidade mudem e a realocação da água seja desejada.

Quando comunidades ou países começam a instituir pela primeira vez um sistema de alocação ou concessão de direitos de uso de água, será preciso prestar atenção considerável a quaisquer leis ou sistemas existentes em nível comunitário que tenham sido historicamente usados no compartilhamento da água (ver mais em Van Koppen, Giordano e Butterworth, 2007). Os órgãos ligados à água precisam tomar cuidado para não perturbar desnecessariamente sistemas e normas sociais e culturais que podem estar em uso eficiente há centenas e até milhares de anos. Uma solução é conceder direito à água a toda uma comunidade, distrito ou outro grupo de usuários, permitindo-lhe distribuir a água entre os membros da maneira tradicional. O mais importante é que ninguém perca seu direito ou acesso à água na transição para o novo sistema de alocação devido à simples incapacidade de pagar, ao analfabetismo, a crenças religiosas e culturais ou a outras circunstâncias.

Quantificação da concessão de direitos à água

Quando se aplica a abordagem do teto flexível descrita anteriormente, o volume de cada direito de alta ou baixa estabilidade terá de ser quantificado. Essa quantificação deve ser definida para cada um dos 12 meses do ano, pois a disponibilidade de água pode variar substancialmente mês a mês.

Os direitos de alta estabilidade são pensados para assegurar seu cumprimento o tempo todo. Uma parte desses direitos deve ser reservada ou alocada para os tipos de uso que a comunidade de usuários determinar que têm maior valor público, garantindo, assim, que essas necessidades sejam sempre atendidas. Por exemplo, a necessidade humana básica de água deveria ser garantida com a alocação de um direito de alta estabilidade a cada comunidade ou indivíduo. Outras prioridades para alocações de alta estabilidade podem ser serviços públicos de importância fundamental, como hospitais, corpo de bombeiros, escolas, usinas de geração de eletricidade e outros serviços socialmente valorizados.

Depois de atendidas essas necessidades públicas prioritárias, uma parte dos direitos de alta estabilidade pode ser distribuída para uso comercial. Os usuários comerciais de água que precisam de suprimento constante, como fabricantes ou agricultores com culturas permanentes, provavelmente desejarão obter direitos de alta estabilidade que lhes assegurem uma oferta de água confiável.

Os direitos de baixa estabilidade são um complemento importante das alocações de alta estabilidade porque permitem que a água seja usada com potencial máximo nos anos mais chuvosos. Ao contrário dos direitos de alta estabilidade, em que um volume fixo de água é garantido a cada mês e ano, seus detentores só receberão o volume total a que têm direito nos anos mais chuvosos. Nos mais secos, os detentores de direitos de baixa estabilidade receberão apenas uma parte desse volume.

Um modo prático de conceder direitos de baixa estabilidade em cada mês do ano começa com a determinação do volume total de água disponível previsto no mês no ano mais chuvoso de todos e depois subtraindo dele o volume de água esperado no ano mais seco. Esse volume mensal excedente representa o volume *máximo* de água que pode ser alocado a cada mês aos direitos de baixa estabilidade. No entanto, como nos direitos de alta estabilidade, é preciso decidir quanto desse excedente mensal terá de permanecer no ecossistema de água doce para manter sua saúde ecológica e quanto poderá ser usado consuntivamente pelos detentores de direitos de baixa estabilidade. Esse volume adicional e anualmente variável de água reservada para propósitos ecológicos pode ser importantíssimo para manter a pesca e outros benefícios dos ecossistemas saudáveis de água doce e tem de ser explicitamente contabilizado.

As alocações de baixa estabilidade resultantes variarão de um ano para o outro de acordo com a disponibilidade de água. Tipicamente, esse nível variável de alocação é comunicado aos usuários como percentual do volume total dos direitos de baixa estabilidade; por exemplo, num ano o detentor da concessão pode receber 70% do volume a que tem direito, mas em outro apenas 20% ou menos. O segredo da implementação eficaz dessas alocações de baixa estabilidade será a capacidade de prever quanto poderá ser alocado nos meses seguintes e comunicar o volume da alocação em tempo hábil a todos os detentores de direitos de baixa estabilidade.

Seja qual for a abordagem usada para distribuir o direito à água, será essencial monitorar o uso e punir os violadores dos direitos para a gestão hídrica ser bem-sucedida. O rio Tarim, no extremo noroeste da China, é uma ilustração convincente dessa questão. Depois do fim da Revolução Cultural da China nos últimos anos da década de 1970 e com o surgimento de novas políticas agrícolas, a cultura irrigada de algodão começou a se expandir rapidamente na bacia hidrográfica. A vazão do Tarim se esgotava totalmente quase todo ano, provocando grave degradação ecológica e criando conflitos entre produtores de algodão, trigo e arroz.

O escritório de gestão da bacia do rio Tarim, em Xinjiang, determina a alocação anual da água na bacia, mas o uso ilegal e generalizado da água perpetuou conflitos, e o órgão considerou dificílimo controlar as violações. Em agosto de 2006, dois funcionários do escritório tentaram convencer os agricultores da região mediana do rio a remover seus canais de irrigação ilegais. Eles foram surrados e quase afogados pelos aldeões.

A escassez frequente de água causada pelo uso ilegal e pelas práticas de irrigação extremamente ineficientes que provocam muito desperdício levaram o governo chinês a pensar em opções caríssimas para aumentar a oferta de água na bacia do Tarim (Experts..., 2010). Uma das opções propostas envolve o bombeamento da água do mar de Bohai até uma altitude de quase 1.300 m, dessalinizá-la e depois canalizá-la através de numerosas montanhas até a bacia do Tarim. No total, a água teria de ser transportada por mais de 5.400 km, mais que a distância entre Nova York e Los Angeles.

A história do Tarim acentua ainda mais a importância do envolvimento da comunidade local na governança hídrica. Quando uma comunidade de usuários não entende ou não apoia as regras impostas à alocação de água, será muito difícil obter cooperação ou policiar os violadores. Algum grau de pressão comunitária dos pares, além da autorregulação responsável, é essencial.

Podemos encontrar exemplos esperançosos na cultura de acéquias, que evoluiu nos últimos dez mil anos na gestão da irrigação: começou no Oriente Médio, foi levado para o sul da Espanha pelos mouros e, mais tarde, para o sudoeste americano pelos espanhóis. Esse sistema comunitário de compartilhamento de água e irrigação foi uma reação à escassez hídrica das regiões áridas e fundamental para a sobrevivência de muitas comunidades agrícolas. Crawford (1988) detalha as interações cotidianas de uma comunidade de agricultores do norte do Novo México que dividem o trabalho, o custo e a responsabilidade de administrar seu sistema compartilhado de acéquias para irrigação. Os membros da comunidade se unem no trabalho árduo da manutenção dos canais de terra, e a camaradagem formada nesse serviço tem sido muito eficaz para desencorajar o furto de água dentro da comunidade.

5.1.4 Princípio nº 4: investir no potencial máximo de conservação da água

Antes de buscar qualquer uma das ferramentas de oferta hídrica delineadas no Cap. 3, deve-se fazer todo o esforço possível para reduzir o consumo. Cada balde de água poupado com a conservação ou o aumento da eficiência do uso é um balde de água que não terá de ser fornecido nem criado com infraestrutura ou tecnologia caras.

No Cap. 3, descrevi várias atividades de conservação da água que podem ser adotadas em cidades, indústrias e fazendas. Também ressaltei que a conservação de água é, de longe, a forma mais barata de atacar a escassez. Mas o custo é apenas um dos argumentos a favor da conservação da água. Com o consumo menor, resta mais água nos ecossistemas de água doce para manter a saúde da pesca, as atividades recreativas e os muitos outros benefícios dos ecossistemas saudáveis. Investir na conservação de água também ajuda a evitar a necessidade de buscar outras opções de oferta de água prejudiciais ao ambiente, como esgotar fontes locais, construir adutoras para importar água roubada de aquíferos e bacias hidrográficas distantes ou queimar combustível fóssil para gerar energia em usinas de dessalinização.

Embora não seja provável ouvi-las explicadas em público, há muitas razões para governos e comunidades não investirem suficientemente em conservação da água, entre elas as seguintes:

* A conservação de água é socialmente complicada por exigir mudança do comportamento de muitos indivíduos, ao contrário de uma decisão de cima para baixo de construir um reservatório ou uma adutora, que pode ser tomada de forma unilateral por um órgão do governo.
* No mundo inteiro, a maioria dos órgãos responsáveis pela água é dominada por engenheiros civis, muitos deles pouco familiarizados ou pouco dispostos a dominar a engenharia social das campanhas de conservação de água.
* Os fornecedores de água públicos e privados dependem de sua venda para manter o balanço anual no azul, e a conservação de água vai contra seu interesse de ganhar dinheiro.
* Muitos líderes políticos não querem dar ênfase à conservação de água por medo de que isso transmita à comunidade a ideia de que há escassez, desestimulando, assim, a transferência de novas empresas para a área.
* Os políticos que constroem grandes projetos de infraestrutura hídrica, como as represas, podem ganhar votos de uma parte da população que não entende que existem opções melhores para resolver a escassez de água.

Esses obstáculos à conservação de água são superáveis. Mas sua superação exigirá que indivíduos, empresas e grupos comunitários se organizem e defendam com vigor soluções de conservação que tenham boa relação custo--benefício, protejam o meio ambiente e sejam sustentáveis a longo prazo.

5.1.5 Princípio nº 5: permitir o comércio de direitos de uso de água

Quando a oferta de água é limitada, a capacidade de comprar, emprestar ou negociar água dentro de uma comunidade de usuários pode permitir a quem precisa de mais água adquiri-la de quem tiver alguma sobra. O comércio informal de água, no qual vizinhos trocam água por meio de alguma forma de escambo, ocorre em fazendas e aldeias do mundo inteiro há milhares de anos. Mais recentemente, surgiram em vários países mercados de água, com compra, venda e empréstimo de direitos de uso de água. Em vários aspectos, esses mercados de água modernos lembram uma bolsa de valores: neles, a mercadoria comercializada é o direito de usar a água, isto é, a concessão.

Para visualizar como isso funciona, consideremos, por exemplo, um agricultor que não tenha direito a água suficiente para irrigar sua plantação num período extremamente quente e seco e, portanto, queira fazer um empréstimo de mais água durante alguns meses. Outro agricultor talvez queira expandir sua fazenda para plantar mais produtos e, com esse propósito, adquirir direitos mais estáveis à água. Se houver na área outros usuários que não precisem usar toda a água a que têm direito, eles podem emprestar ou vender esse direito no todo ou em parte aos que precisam de mais água. Com esse processo de comercialização, os que derem mais valor à água podem adquiri-la de outros que gostariam de receber alguma compensação, monetária ou não, por sua concessão.

Antes de discutir melhor os méritos do mercado de água, é preciso esclarecer algumas precauções importantes. Sobre o mercado de água, já se exprimiram muitas preocupações que precisam receber consideração cuidadosa. A maioria delas se concentra na possibilidade de os direitos de uso de água serem comprados por entidades ricas – especuladores, grandes empresas ou cidades – e deixarem sem água a população mais pobre ou os ecossistemas de água doce. Essa possibilidade é muito real se controles regulatórios e outras funções essenciais da governança hídrica não forem criados bem cedo e explicitamente. É preciso garantir a cada indivíduo ou família direito inalienável de uso de água suficiente para atender a necessidades básicas, como já discutido no princípio nº 3 (alocações de água). Esses direitos não deveriam ser negociáveis. Do mesmo modo, como discutido no princípio nº 2 (criar um teto para o uso consuntivo total da água), é preciso reservar ou proteger da comercialização um volume e uma vazão de água suficientes para assegurar a saúde ecológica. Os compradores não podem ter permissão de acumular água com a aquisição de direitos sem exercê-los e não deveriam ter permissão de transportar a água para fora de uma bacia com problemas de escassez. O mais importante é que ninguém jamais deveria ser forçado a vender seu direito à água nem ser privado dele sem permissão.

Se não for adequadamente previsto e gerenciado, o mercado de água também pode ter impacto indesejável sobre a agricultura. Um efeito direto da transferência de água para uso não agrícola pode ser a redução da capacidade de produzir alimentos. O desvio de água da agricultura também pode reduzir o emprego rural, o que é especialmente indesejável em comunidades rurais pobres. Quando os agricultores que vendem seu direito à água são membros de um sistema comunitário de oferta de água, como um distrito de irrigação que mantenha a infraestrutura de água compartilhada, a perda de muitos irrigadores em razão da venda de água pode impor um fardo pesado aos poucos que continuarem irrigando, já que terão de suportar sozinhos o custo constante de manutenção da infraestrutura.

No entanto, se esses impactos foram adequadamente abordados e bem geridos, a capacidade de comercializar o direito de usar a água pode ser bastante benéfica. Em lugares como a bacia Murray-Darling, na Austrália, o mercado de água se mostrou muito útil para permitir a troca de direitos entre fazendeiros, cidades e interesses ambientais, com o uso tanto de vendas permanentes quanto de empréstimos temporários. Os benefícios foram bem documentados. Os agricultores conseguiram acesso a água adicional quando precisaram, como no final da temporada de irrigação, ou obtiveram nova fonte de renda com a venda ou o empréstimo de concessões. Com a compra ou o empréstimo de água de vendedores voluntários, as cidades conseguiram acessar oferta adicional com bom custo-benefício e evitar o esgotamento ainda maior de fontes locais. Os interesses ambientais puderam comprar direitos de usuários e manter a água nos ecossistemas, com vantagem ecológica.

Outro grande benefício do mercado de água é a capacidade de estimular a conservação, principalmente quando o detentor do direito puder vender ou negociar a água poupada. Por exemplo, quando se criou, no centro do Texas, um órgão de gestão para regulamentar o uso do aquífero Edwards, os fazendeiros tiveram a oportunidade de vender metade de seus direitos à água caso não precisassem mais dela, dando um enorme estímulo ao aumento da eficiência da irrigação.

O estabelecimento de um limite ou teto de uso consuntivo total de água e a concessão de um direito para cada usuário são requisitos essenciais dos mercados de água com bom desempenho. Sem limitar o total, não há imperativo para vender ou trocar, porque os usuários podem usar quanto quiserem ou precisarem. Na ausência de direitos quantificados de uso da água, as partes não saberão quanto pode ser trocado de forma confiável.

Em resumo, geralmente as consequências indesejáveis do mercado podem ser atacadas de forma adequada com a regulamentação governamental e previsões apropriadas, permitindo, assim, que seus benefícios surjam sem prejudicar os pobres nem o ecossistema. No entanto, regulamentos e controles apropriados, embasados por sistemas fortes de governança, devem ser implementados antes que as negociações sejam permitidas.

5.1.6 Princípio nº 6: caso água demais seja usada consuntivamente, subsidiar a redução do consumo

Já disse isso algumas vezes, mas direi de novo: é muito mais fácil e barato restringir o consumo de água antes que se torne excessivo. Infelizmente, centenas de fontes de água do mundo inteiro já estão sendo usadas muito além do nível seguro ou ecologicamente sustentável. Quando a escassez é grave, uma das maneiras mais rápidas de o governo aliviar a situação é interferir e suspender parte dos direitos existentes de uso de água para diminuir o risco de falta. Isso pode ser conseguido com reduções regulatórias forçadas, mas é preferível compensar os detentores de direitos, isto é, comprar os direitos de vendedores voluntários.

A compra pelo governo não exige a existência de um mercado, mas sem dúvida ele ajuda, porque os usuários já estarão acostumados à venda de água. Na ausência do mercado, o governo terá de negociar níveis apropriados de indenização para os que se dispuserem a usar menos água.

A redução do gasto consuntivo também pode ser subsidiada pelo investimento governamental no aumento da eficiência do uso da água. Como a irrigação agrícola costuma ser o maior consumidor nas regiões com escassez, deve-se dar atenção específica às oportunidades de investir em melhores práticas e tecnologias de irrigação.

5.1.7 Princípio nº 7: aprender com os erros ou ideias melhores e ajustar o rumo pelo caminho

Uma das maiores vantagens de sermos humanos é nossa capacidade de aprender. Se também tivermos um mínimo de humildade, poderemos reconhecer e admitir quando erramos ou não estávamos tão certos quanto gostaríamos e ajustar adequadamente nosso comportamento.

Sempre deveríamos supor que todo planejamento, balanço hídrico ou avaliação científica da necessidade ecológica de água estará errado, pelo menos em parte. Também deveríamos supor que nossos valores e necessidades de água mudarão com o tempo. Essa realidade indica com muita clareza que precisamos nos dispor a mudar, ou melhor, a estar sempre de olho nas oportunidades de melhorar.

Duas estratégias serão especialmente importantes para aumentar a capacidade de aprender e se ajustar com o tempo. Uma é habilitar a revisão regular dos planos hídricos. Como será discutido no próximo capítulo, o Estado americano do Texas revisa seus planos hídricos regionais e estaduais de cinco em cinco anos. Outra estratégia importante é revisar regularmente cada direito de uso de água. Com a revisão regular dos direitos, o governo da África do Sul criou um mecanismo para ajustar o volume de concessões com o passar do tempo.

5.2 Prepare-se para mudar

Muitos leitores deste capítulo desdenharão seus princípios rapidamente como implausíveis em razão do sistema de gestão hídrica existente em seu país ou comunidade. Como observou certa vez um de meus colegas, "não precisamos todos reescrever nossa constituição como fez a África do Sul depois da queda do *apartheid*".

Os governos tendem a se agarrar a seus hábitos, e os líderes políticos relutam em promover mudanças demasiado abrangentes ou rápidas por medo de perder o cargo. Este é um dos benefícios mais valiosos dos sistemas de governança hídrica: eles disseminam a responsabilidade pelas decisões e envolvem os usuários nesse processo.

A história é cheia de exemplos marcantes de mudanças substanciais de políticas de governo depois de eventos catalisadores ou mesmo mudanças graduais no decorrer do tempo de condições sociais ou econômicas fundamentais (há uma análise mais completa das mudanças da política hídrica e das condições que as antecederam em Meijerink e Huitema, 2010). Quando o rio Cuyahoga, nos Estados Unidos, pegou fogo em 1969 devido à elevada concentração de petróleo e outros produtos químicos na água, o desastre ajudou a provocar uma virada de maré na legislação ambiental americana. Em 1991, quando centenas de quilômetros do rio Darling, na Austrália, tornaram-se tóxicos por causa da poluição excessiva de nutrientes e do esgotamento da vazão do rio, provocando uma mortandade de peixes generalizada e fedorenta, grandes reformas hídricas foram logo aplicadas, inclusive um teto para a concessão de direitos de uso de água. Depois de décadas de preocupação crescente com a poluição da água dos rios chineses, o Conselho Estatal se comprometeu com o controle da poluição no

11º Plano Quinquenal (2006-2010) e, no plano mais recente, declarou a intenção de investir US$ 60 bilhões em tratamento de águas servidas urbanas.

Quem sabe quais reformas hídricas haverá no rio Nilo depois dos levantes sociais do Egito? Que mudanças podem estar à espera no rio Indo caso a Índia e o Paquistão decidam renegociar o tratado internacional sobre esse rio?

As reformas hídricas mais bem-sucedidas têm em comum um elemento importante: já havia diálogo e debate ativos nos anos anteriores ao momento em que finalmente se implantaram as mudanças. Nesse sentido, a insatisfação e até o conflito pela água podem ser considerados um precursor útil da mudança. A lição importante para os usuários de água ou outros cidadãos que buscam a mudança da governança hídrica é estarem preparados para ela quando a oportunidade chegar.

seis

Como dar poder ao povo

Em abril de 2000, um estudante de 17 anos foi morto a tiros pela polícia militar na praça central de Cochabamba, na Bolívia. Ele protestava, com mais dezenas de milhares de moradores da cidade, contra o alto custo da água.

Cochabamba, a quarta maior cidade da Bolívia, fica aninhada num elevado vale andino no centro do país. O vale costuma ser chamado de celeiro da Bolívia devido à fartura agrícola de cereais, batata e café. Até 2000, ela era relativamente desconhecida fora do país, mas no ano da virada do milênio a cidade chamou a atenção do mundo. Cochabamba estava envolvida numa guerra hídrica. Os manifestantes ocuparam a praça central, bloquearam as ruas circundantes e iniciaram uma greve que paralisou temporariamente a economia da cidade.

O conflito foi provocado por um grande aumento, de aproximadamente 35%, em média, ou cerca de US$ 20 por mês, do que os moradores pagavam por sua água (Finnegan, 2002). Esse aumento da taxa, mais do que muitas famílias pobres gastavam mensalmente com comida, de repente deixou a água potável fora do alcance de muitos. Quando a empresa distribuidora ameaçou cortar a água dos que não pagavam a conta, os habitantes ocuparam as ruas para protestar.

A guerra da água de Cochabamba foi apresentada em noticiários e documentários como um aviso do que acontece quando se permite que grandes empresas privatizem a água (veja, por exemplo, o documentário

Flow: for love of water ou Barlow e Clarke (2005); a trama do filme *Quantum of solace*, de James Bond, o agente 007, também se inspirou no incidente de Cochabamba). Em 1999, o governo boliviano contratou um consórcio privado chamado Aguas del Tunari, que incluía Bechtel Corporation (EUA), International Water Limited (Inglaterra), Abengoa (Espanha), Edison (Itália) e duas empresas locais, ICE Ingenieros e a fabricante de cimento Soboce, para administrar o sistema público de fornecimento de água dessa cidade. A concessão de 40 anos e US$ 2,5 bilhões pretendia "oferecer serviços de água e esgoto aos habitantes de Cochabamba, além de gerar eletricidade e irrigação para a agricultura" (Finnegan, 2002). Como parte do contrato, o consórcio privado teria de absorver US$ 30 milhões em dívidas acumuladas durante a gestão inadequada do sistema hídrico pelo governo boliviano, implantar melhorias substanciais no debilitado sistema de distribuição de água da cidade e aumentar a oferta com a construção de um novo reservatório. De acordo com os representantes do consórcio, o aumento da taxa foi instituído para financiar esses projetos (Bechtel, 2005).

Houve muitos debates e críticas a respeito do que deu errado em Cochabamba. Alguns veem um lado bom na história da cidade, porque o protesto do povo acabou vitorioso e o governo boliviano cancelou o contrato com o consórcio privado. No entanto, o povo de Cochabamba ainda vive sob a nuvem negra de um sistema hídrico dilapidado, e metade dos habitantes não tem acesso a água encanada (Forero, 2005).

Muitos relatos populares da história de Cochabamba foram contados de maneira a enfatizar que as empresas privadas deveriam ser totalmente excluídas da prestação de serviços públicos como a distribuição de água a moradores de cidades. Alguns ativistas chegaram a sugerir que nenhuma empresa deveria receber direitos de uso de água, por medo de que corporações ricas entesourassem a água em detrimento ou exclusão de outros cidadãos ou do meio ambiente.

Há contra-argumentos convincentes. A maioria dos habitantes do planeta recorre a bens ou serviços oferecidos pelo setor privado que exigem água em sua produção ou operação. As empresas não continuarão a produzir esses bens se não tiverem certeza do fornecimento de água. As grandes empresas também podem ter papel construtivo na oferta de recursos ou conhecimento quando o governo for fraco e incapaz de cumprir adequadamente suas funções relativas à água.

Acredito que seja muito útil examinar essas questões sob a ótica da governança hídrica. De volta à metáfora da pedra equilibrada do Cap. 4, temos de buscar, em cada caso, o equilíbrio correto entre governo, sociedade civil e setor privado. Que condições, acordos, contratos e outras restrições são necessários na proteção contra o mau uso ou o uso não equitativo da água? Como integrar a sociedade civil no diálogo de maneira construtiva?

Muitos veteranos da água afirmam que a governança hídrica tem fracassado em toda parte por ser demasiado controlada pelos governos, com pouquíssimo envolvimento externo. Historicamente, o planejamento, o estabelecimento de prioridades e a tomada de decisões têm se mantido afastados demais das comunidades locais afetadas por essas decisões. Como Cochabamba ilustra tão bem, com muita frequência esses planos e decisões acontecem nas capitais, elaborados por burocratas e técnicos que passaram pouco tempo ou nenhum na comunidade local que depende da água. Quando seus decretos são mal compreendidos ou percebidos como inadequados para a situação local, surge, naqueles que deveriam se comportar de acordo com os planos e regras baixados pelo governo, a sensação de que seus direitos lhes foram negados. A consequência, tanto nas regiões desenvolvidas do mundo quanto nas subdesenvolvidas, é o furto generalizado de água pelos usuários, declarações inadequadas de uso, conflitos entre usuários e implementação falha ou insuficiente de planos e projetos hídricos.

6.1 Pôr as pessoas no centro

Elinor Ostrom, no livro *Trabalho em parceria*, que a ajudou a ganhar o Prêmio Nobel de Ciências Econômicas, resistiu à premissa de que recursos do reservatório de bens comuns, como a água, estão inevitavelmente destinados a ser vítimas da tragédia dos bens comuns. Ela mostrou que, mesmo na ausência de regulamentação governamental, algumas comunidades tomaram providências coletivas para gerir os recursos. Ostrom ressaltou as comunidades de irrigadores no norte das Filipinas chamadas *zanjeras*, que dividem a água do rio Bacarra-Vintar segundo um sistema comunitário que distribui quinhões de água entre os seus membros. Uma das obrigações básicas de cada um deles é participar do trabalho de manter os canais de irrigação e a represa construída no rio para desviar a água para os canais. Todo ano, na estação chuvosa, o rio destrói a represa, construída com mastros de bambu, folhas de bananeira, areia e pedras. Consertar a represa é um serviço árduo e bastante perigoso que exige várias centenas de pessoas trabalhando em barcos. Esse trabalho difícil e comunitário contribuiu muito para criar união, confiança e camaradagem nas *zanjeras*. Embora tenham enfrentado muitos períodos de escassez de água, quando lhes perguntaram quais problemas hídricos enfrentavam nenhum deles se queixou do modo como a água era distribuída nem da justeza da distribuição. Mas muitos se queixaram da dificuldade de consertar a represa todo ano!

A principal conclusão de Ostrom foi que *as decisões básicas de manejo deveriam ser tomadas o mais perto possível do cenário dos eventos e dos atores envolvidos*. Isso não implica necessariamente que o governo nacional, estadual ou municipal não possa gerir bem a água. No entanto, indica que, na maioria dos lugares, a governança hídrica precisa ser fundamentalmente reestruturada para que as comunidades locais e os cidadãos interessados tenham papel importante no planejamento e na alocação da água. O desafio de encaixar um arcabouço adequado de governança hídrica na gestão de aquíferos e bacias hidrográficas locais não será fácil. Levá-lo para mais perto do cenário dos eventos e dos atores envolvidos nem sempre significa que as conversas só devam ocorrer em aldeias e cidadezinhas. Mas duas considerações serão supremas, ambas de natureza bastante pessoal. Uma medida do sucesso da governança hídrica será a capacidade de qualquer cidadão – agricultor, industrial, pescador, dono de casa – transmitir seus valores, preocupações e necessidades ligados à água, diretamente ou por meio de um representante de confiança que participe do sistema de governança hídrica. A outra medida será o fato de os indivíduos adotarem ou não a noção de responsabilidade em comum pelo sucesso da governança hídrica, refletido na obediência às alocações e a outras regras e decisões.

Alguns experimentos muito interessantes de democracia hídrica em escala local ou regional já estão em andamento, pondo no centro da governança os usuários da água e outros cidadãos envolvidos. A seguir, descrevo com mais detalhes dois deles. Para ser franco, nenhum desses experimentos de democracia hídrica local funciona com perfeição. *Mas é exatamente assim que a democracia deve funcionar*. Ela deve ser inclusiva, transparente, experimental e adaptativa. Ou seja, confusa, lenta e, muitas vezes, ineficiente. A magia da governança hídrica centrada no cidadão é levar todos a conversarem com todos sobre a água. Assim, todos começam a examinar como a água é usada e quem a usa e a pensar em maneiras de destravar algumas dificuldades ou empecilhos à gestão hídrica sustentável.

Há poucas experiências na vida tão intimidantes e capacitadoras quanto perceber que agora nosso futuro hídrico está em nossas mãos. Só dessa maneira nossas fontes de água podem ser geridas com o cuidado e o compartilhamento necessários para evitar ou resolver a escassez.

6.2 TEXAS: UM CASAMENTO ARRANJADO DE INTERESSADOS NA ÁGUA

Na década de 1950, uma forte seca soou como um toque de despertar desagradável no Estado americano do Texas. Em todo o Estado, a precipitação ficou 30% a 50% abaixo do normal. Os sistemas hídricos comunitários secaram, levando as autoridades urbanas a mandar comboios de caminhões-pipa até o Estado do Oklahoma em busca de água. Vaqueiros levaram seu gado para o Kansas, ao norte, atrás de capim verde, mas a seca também os alcançou por lá. Rebanhos inteiros morreram de sede ou fome ou foram vendidos para matadouros e as plantações murcharam nos campos, provocando a falência de milhares de ranchos e fazendas. Quando a década de seca finalmente terminou, em 1957, mais da metade dos agricultores do Estado tinha feito as malas e partido.

Em resposta, o Estado criou, em 1957, uma nova Diretoria de Desenvolvimento Hídrico, encarregada de projetar a necessidade de fornecimento de água num horizonte longo de 50 anos, e forneceu recursos para construir novos projetos hídricos. O primeiro plano hídrico estadual foi publicado em 1961, e seguiram-se oito atualizações. O plano hídrico estadual serve de principal guia de projetos de desenvolvimento hídrico no Texas. De acordo com ele, mais de 180 grandes reservatórios foram construídos desde 1957.

Na década de 1990, as necessidades e valores relativos à água nesse Estado mudaram de maneira fundamental. As cidades texanas estavam entre as que mais cresciam no país, e a necessidade de água aumentava junto com a população. Os gestores urbanos da água começaram a questionar se os grandes reservatórios regionais seriam sempre a melhor solução para suas necessidades, principalmente devido ao seu custo elevado. A população urbana crescente se preocupava mais com o impacto ambiental dos projetos hídricos. Havia uma sensação cada vez maior de que o plano hídrico estadual, elaborado em Austin, a capital, não se afinava suficientemente com as necessidades e oportunidades locais.

A Diretoria de Desenvolvimento Hídrico tentou responder a essas preocupações envolvendo-se mais ativamente com o Departamento Estadual de Parques e Vida Selvagem e com alguns grupos interessados. A versão de 1997 do plano hídrico estadual intitulava-se, na verdade, *plano hídrico baseado em consenso*. Mas ainda faltava alguma coisa.

"Na verdade ele não teve a adesão das comunidades locais, daquelas que realmente sabem quais são suas necessidades e qual a melhor forma de satisfazê-las", disse Cindy Loeffler, do Departamento de Parques e Vida Selvagem do Texas. "Ele ainda não acertou o alvo. [...] Aqui em Austin achávamos ótimo, mas, sabe, El Paso, Beaumont, Houston, Dallas, essas cidades tinham ideias diferentes. Para elas, o plano hídrico não passava de enfeite."

Coincidentemente, outra seca atingiu o Estado em 1996, na época em que o plano baseado em consenso estava sendo impresso. A seca veio com rapidez e violência, esgotando reservatórios e deixando sem água comunidades do Estado inteiro. "Aquela seca preocupou muita gente, que começou a perguntar: o que é preciso fazer?", recorda Robert Mace, da Diretoria de Desenvolvimento Hídrico. Ele continua:

> Então um líder político disse: ora, temos o plano hídrico estadual, vamos abri-lo e dar uma olhada. Acho que muita gente se surpreendeu quando viu o que havia lá. Muitas comunidades disseram: nossa, ninguém nos perguntou sobre isso, não é isso que precisamos fazer! Havia claramente uma desconexão entre o plano hídrico e as pessoas que precisavam implementá-lo.

Estava pronto o cenário de uma grande mudança na maneira como o Estado planeja suas necessidades hídricas.

6.2.1 Abrir as portas do planejamento hídrico

O Projeto de Lei nº 1 do Senado do Texas, aprovado em 1997, criou 16 grupos de planejamento regional em todo o Estado. Esses grupos têm de incluir

> representação dos interesses contidos naquela região, incluindo a população, condados, municípios, indústrias, interesses agrícolas, interesses ambientais, pequenas empresas, usinas de geração de energia elétrica, autoridades fluviais, distritos hídricos e instalações de tratamento e distribuição de água, mas não se limitando a esses interesses.

São compostos por cerca de 20 membros cada, um casamento político arranjado cujas nomeações são feitas pela Diretoria de Desenvolvimento Hídrico. De acordo com esse projeto de lei, os grupos estão encarregados de preparar planos hídricos de 50 anos

> que prevejam o desenvolvimento ordeiro, a gestão e a conservação de recursos hídricos e a preparação e as reações a condições de seca para que água suficiente esteja disponível a custo razoável para assegurar a saúde, a segurança e o bem-estar do público; promover o desenvolvimento econômico; e proteger os recursos naturais e agrícolas daquela região específica.

Eis outra maneira de descrever a tarefa dos grupos de planejamento regional: eles devem desenvolver, para cada fonte de água de sua jurisdição, projeções de depósitos e despesas hídricas para os próximos 50 anos e recomendar uma mistura ótima de estratégias para cobrir qualquer lacuna desse balanço. Como explica Robert Mace,

> o Estado fornece as muretas de proteção, como ao projetar o crescimento populacional ou executar os modelos do lençol freático, mas, em termos de identificar o que precisa acontecer, a tarefa passou de nosso órgão para os grupos de planejamento regional.

Os 16 grupos de planejamento puseram-se a trabalhar imediatamente após a nomeação. Seus integrantes logo descobriram que não seria fácil construir uma visão compartilhada do futuro hídrico da comunidade. Carolyn Brittin, que coordenou, durante mais de uma década, o processo de planejamento regional em nome da Diretoria de Desenvolvimento Hídrico, recorda que, "quando se reuniram, os interessados logo perceberam que não conseguiriam obter tudo o que queriam. Aprenderam que teriam de trabalhar com todos os outros que estavam na sala". Robert Mace concorda:

> Começam a se formar alguns relacionamentos. Eles obtêm algum entendimento da pessoa do outro lado da mesa. Tudo bem, o mundo não vai ficar do meu jeito e também não vai ficar do seu, mas haverá um terceiro jeito que deixe todo mundo contente?

Com a lembrança das secas recentes servindo de esporão, os grupos de planejamento regional terminaram dentro do prazo os primeiros planos hídricos de 50 anos. A primeira integração das 16 regiões de planejamento no Plano Hídrico Estadual de 2002 propôs investimentos de US$ 23 bilhões, projetados para resolver a deficiência hídrica até 2050. Cada um dos 16 planos regionais incluía uma mistura diferente de estratégias para equilibrar o balanço hídrico local, que variavam da construção de novos reservatórios e de adutoras para importar água à reciclagem. Alguns planos exigiam a limpeza de plantas como o zimbro das bacias hidrográficas para reduzir o volume de água absorvido por essa vegetação sedenta, que se tornou mais abundante nas últimas décadas.

Notadamente, o Plano Hídrico Estadual de 2002, primeiro produto do processo de interessados regionais criado pelo Projeto de Lei nº 1, recomendava que uma parte considerável do *deficit* hídrico do Estado fosse reduzido com a conservação de água. Em vez de recorrer inteiramente a medidas que aumentassem a oferta, o plano redigido pelos interessados exigia que 14% do *deficit* hídrico estadual fosse resolvido com a redução do consumo de água.

Essa ênfase na gestão hídrica pelo lado da demanda cresceu nos dois ciclos de planejamento seguintes e chegou a 23% da solução no plano de 2007 e a 24% no de 2012. Em grande parte, essa mudança de estratégia foi estimulada pela atenção crescente à relação custo-benefício. Quando começaram a perceber que a conservação de água agrícola e urbana poderia preencher as lacunas a um terço do custo da construção de um novo reservatório e a um décimo do custo de construir usinas de dessalinização ou adutoras para importar água, os grupos interessados passaram a apostar mais na conservação como melhor maneira de resolver as dificuldades hídricas.

Tal gravitação rumo à economia de água também é um reflexo da ética de conservação que cresce no Estado. Muitos texanos simplesmente não querem que seus rios sequem mais e se dispõem a ser mais conservadores no uso de água caso isso ajude a evitar que se retire mais água deles. Um dos grandes benefícios do planejamento e da governança centrados no cidadão é que assim é possível se mover rapidamente rumo à mudança de valores, geralmente muito mais depressa do que os governos se dispõem a reagir.

Com a implementação do processo de planejamento regional, o Estado do Texas foi capaz de aplicar alguns dos importantes princípios de sustentabilidade hídrica discutidos no capítulo anterior (veja no Quadro 6.1 as notas que dei ao desempenho do Estado de acordo com esses princípios). Os detalhes técnicos e jurídicos da alocação de água foram bem geridos e monitorados pelos órgãos hídricos estaduais durante muitos anos. O processo de planejamento baseado nos interessados ajudou os usuários e outros cidadãos a entender como o processo de alocação se alinha (ou não) com sua visão de futuro. Com a revisão dos planos de cinco em cinco anos, os grupos regionais conseguem integrar novas informações, novas prioridades e novas oportunidades, adaptando-se pelo caminho. E, embora exista potencial de fazer mais na conservação de água, o fato de que quase um quarto do *deficit* hídrico estadual tenha de ser resolvido com a redução do consumo é bastante notável.

Um princípio que até hoje recebeu atenção inadequada desses grupos de interessados e do governo do Texas é a necessidade de estabelecer um limite ao consumo total de água quando as fontes estiverem muito desgastadas. A projeção é de que o uso estadual de água aumente mais de 20% nas próximas décadas, o que pressionará ainda mais muitas fontes que já se aproximam da exaustão. O nível elevado e constante de esgotamento hídrico, como mostrado na Fig. 1.4 no caso do rio Brazos, põe em risco a economia do Estado e a saúde de seus rios. Como discutido no Cap. 5, estabelecer limites ao uso consuntivo pode ser politicamente controverso e talvez seja difícil quantificar a água que precisa ser deixada nos rios para proteger a saúde ecológica. No entanto, o custo ecológico e econômico do excesso de alocação pode ser muito prejudicial e destrutivo. A crise hídrica que se desenrola na bacia hidrográfica dos rios Guadalupe e San Antonio, no Texas, destaca a importância de estabelecer limites ao consumo total de água, questão que, sem dúvida, continuará a incomodar os órgãos estaduais responsáveis pela água e os grupos de planejamento hídrico regional nos próximos anos.

Quadro 6.1 BOLETIM DA SUSTENTABILIDADE DO TEXAS

Princípios de sustentabilidade	Pouco ou nenhum progresso	Progresso notável	Desempenho extraordinário
Princípio nº 1: construir uma visão compartilhada do futuro hídrico da comunidade			✓
Princípio nº 2: estabelecer limites ao uso consuntivo total de água	✓		
Princípio nº 3: alocar um volume específico a cada usuário, monitorá-lo e impô-lo	✓		
Princípio nº 4: investir no potencial máximo de conservação da água		✓	
Princípio nº 5: permitir o comércio de direitos de uso de água		✓	
Princípio nº 6: caso água demais seja usada consuntivamente, subsidiar a redução do consumo	✓		
Princípio nº 7: aprender com os erros ou ideias melhores e ajustar o rumo pelo caminho			✓

6.2.2 UMA MORATÓRIA DA ALOCAÇÃO DE ÁGUA POR ORDEM JUDICIAL

A Lei de Espécies Ameaçadas dos Estados Unidos (LEA; em inglês, Endangered Species Act, ESA), criada em 1973, foi pensada para proteger espécies de plantas e animais em risco grave de extinção devido ao "crescimento e desenvolvimento econômicos não mitigados por consideração e conservação adequadas". A LEA é uma expressão da intenção do povo norte-americano de proteger a rica herança natural do país, que tem "valor estético, ecológico, educativo, recreativo e científico para nossa nação e seu povo". Desde sua criação, ela se mostrou uma das leis mais eficazes do país para proteger a saúde ecológica dos ecossistemas de água doce.

Em março de 2013, um juiz federal decidiu num processo que o Estado do Texas violara a Lei de Espécies Ameaçadas dos Estados Unidos ao alocar em excesso a água dos rios Guadalupe e San Antonio. Esses rios levam água doce à baía de San Antonio, lar invernal do grou-americano, espécie extremamente ameaçada. Durante a seca de 2008-2009, pouquíssima água doce chegou à baía, o que causou aumento acentuado da salinidade e redução da abundância de caranguejos-azuis e frutinhas nativas (wolfberries, Symphoricarpos occidentalis) que alimentam os grous. Pelo menos 23 grous morreram de desnutrição. O tribunal federal impôs a suspensão da emissão de novas concessões de água nos rios Guadalupe e San Antonio.

Em seu plano de 2011, o Grupo de Planejamento Hídrico Regional do Centro-Sul do Texas, responsável pela água das bacias dos rios Guadalupe e San Antonio, observou: "uma preocupação fundamental na região centro-sul do Texas são as espécies ameaçadas e em risco de extinção" (2011 South Central Texas Regional Water Plan, 2011). O plano também incluía a resposta do grupo de interessados a vários comentários públicos recebidos a respeito do esboço de 2010. Um crítico sugeriu: "O [plano] não atende adequadamente à necessidade dos grous-americanos". O grupo de planejamento respondeu: "A real necessidade dos grous-americanos não é conhecida com especificidade suficiente".

Mas essa situação pode melhorar consideravelmente na próxima etapa quinquenal dos planos regionais. Em 2007, em resposta às lacunas do entendimento da necessidade ambiental de água nos rios do Estado, os legisladores estaduais do Texas aprovaram o Projeto de Lei nº 3, que exige a nomeação de comitês de cientistas e interessados para fazer recomendações sobre a vazão ambiental necessária para manter a integridade ecológica desses rios. Semelhante ao Projeto de Lei nº 1, que criou os grupos de planejamento hídrico regional, o Projeto nº 3 tem a intenção de promover a colaboração e buscar o consenso entre os interessados. A lei determina que seja nomeado um comitê científico para cada rio. Esses comitês devem preparar uma avaliação da necessidade hídrica ambiental, que comitês de interessados revisarão antes de fazer recomendações ao órgão estadual responsável pela alocação de água. Pretende-se que essas recomendações equilibrem as necessidades do ambiente e dos usuários.

Infelizmente, a finalização das recomendações para a vazão ambiental dos rios Guadalupe e San Antonio só aconteceu em setembro de 2011, um ano depois de terminado o plano hídrico do grupo de planejamento do centro-sul do Texas. Em consequência, essas recomendações não foram integradas ao plano, mas serão incorporadas à edição do plano regional para os próximos cinco anos. "Agora essas exigências ambientais foram adotadas pelo Estado e vamos usá-las no planejamento atual", diz Con Mims, que preside o grupo de planejamento regional. "Vamos incorporar esses critérios."

Mas, enquanto isso, o destino do plano hídrico regional é extremamente incerto. Algumas grandes soluções exigidas por esse plano reduzirão ainda mais os rios Guadalupe e San Antonio, com a utilização mais completa dos direitos de uso de água existentes ou o recurso a alocações adicionais dos rios, o que diminuiria mais ainda a vazão de água doce no *habitat* dos grous, na baía de San Antonio.

6.2.3 Reequilíbrio do balanço hídrico dos rios Guadalupe e San Antonio

No processo de planejamento, o grupo de interessados do centro-sul do Texas tinha muitas preocupações além dos grous-americanos. Espera-se que a população da região mais que dobre nos próximos 50 anos e que o uso municipal e industrial de água aumente quase 60%. "A região tem enorme variedade de demandas de água, das agrícolas às municipais, das industriais às ambientais", explica Mims. "A população está explodindo, e a nova oferta de água, minguando. Essas duas coisas levam muito mais gente a querer participar do grupo de planejamento." O grupo já passou de 21 para 29 membros. "Mas, em algum momento, será preciso fechar a porta e parar de acrescentar mais membros. Ao mesmo tempo, queremos assegurar que todos os interesses importantes se sentem à mesa", diz Mims. O mandato de cinco anos como membro do grupo e a rotatividade regular ajudam a manter os grupos de planejamento adaptáveis e capazes de reagir à mudança de necessidades e interesses.

Alguns grupos ambientais do Texas afirmaram que os grupos de planejamento hídrico regional estão cheios de gente mais interessada em obras do que em proteção ambiental e que há desequilíbrio na governança hídrica (Roach, 2013). A essa luz, o processo na Justiça Federal sobre os grous-americanos poderia ser considerado uma tentativa da sociedade civil de reequilibrar os poderes dos interessados no planejamento hídrico da bacia Guadalupe-San Antonio. Essa tensão ilustra uma questão fundamental da governança hídrica local e centrada no cidadão: sempre será preciso respeitar os valores e leis defendidos pela sociedade mais ampla, como o desejo de proteger espécies ameaçadas.

Mas Mims teme que o processo na Justiça atrapalhe demais um plano baseado em consenso que foi dificílimo construir. Segundo ele,

> se essa decisão do tribunal se mantiver [o recurso aguarda julgamento] e o Estado tiver de dar prioridade adicional à vazão de água doce na baía de San Antonio pelo bem dos grous-americanos, teremos de reformar completamente nosso plano hídrico regional. Isso viraria o plano de cabeça para baixo.

No ciclo mais recente de planejamento, o grupo regional comparou a necessidade projetada de água com a oferta disponível e encontrou um *deficit* de mais de 500 milhões de metros cúbicos até 2060; ou seja, o grupo teria de achar 50% mais água do que existe hoje. Para piorar a situação, a análise científica associada ao processo federal identificou a possível necessidade de reservar pelo menos outros 185 milhões de metros cúbicos para a vazão de água doce na baía (foram tomados como base o depoimento de especialistas, provas apresentadas como parte do processo federal e comunicação pessoal posterior com Joe Trungale e Jim Blackburn). Conclusão: a água atualmente disponível já está alocada em excesso e uma demanda muito maior está por vir.

O plano do grupo regional preconiza uma ampla série de providências para cobrir a lacuna entre oferta disponível e necessidade projetada. À luz da decisão do tribunal federal, o grupo de planejamento provavelmente precisará dar uma boa olhada em algumas soluções propostas. Eles já recomendaram medidas de conservação de água para reduzir o *deficit* em 15%, mas talvez haja espaço para mais. Mims acredita que a dessalinização será importantíssima, principalmente se outras opções citadas no plano forem anuladas pela decisão judicial. Como discutido no Cap. 3, um dos grandes benefícios da dessalinização é criar uma nova fonte de água doce sem desgastar ainda mais as fontes existentes, como os rios.

O Quadro 6.1 destaca dois outros princípios que podem ser seguidos nas bacias hidrográficas do Guadalupe e do San Antonio. Os texanos poderiam explorar maneiras de subsidiar a queda do nível atual de uso consuntivo da água (princípio nº 6). É muito improvável que se consiga isso por meio de ações regulatórias, porque os cidadãos do Estado não são muito receptivos à regulamentação governamental, ainda mais quando ela ameaça reduzir direitos existentes, como o de uso da água. Em vez disso, talvez se possa criar um mercado formal para facilitar a negociação de água (princípio nº 5). Assim, o governo ou os grupos ambientais poderiam comprar mais facilmente de vendedores voluntários direitos de uso de água para dedicá-los à vazão ambiental dos rios, reduzindo, assim, o consumo geral e ajudando o ecossistema da baía e os grous. Na verdade, o Projeto de Lei nº 3 do Senado do Texas orientou o Estado a fazer exatamente isso em situações como a da bacia hidrográfica do Guadalupe e do San Antonio: "nas bacias em que a água não apropriada [...] não for suficiente para satisfazer os padrões de vazão ambiental, várias abordagens de mercado, tanto públicas quanto privadas, para preencher a lacuna devem ser examinadas e buscadas".

O processo de obter consenso em torno de ações específicas para equilibrar o balanço hídrico provocou muita tensão dentro do grupo regional. "Os membros do grupo de planejamento trabalham muito bem juntos", diz Mims. "Os problemas surgem naquele punhado pequeníssimo de projetos controvertidos. Até um único projeto pode criar torvelinhos de todo tipo." As propostas de novos reservatórios são especialmente controvertidas nessa região, por causa da preocupação com o impacto ambiental e o custo elevado.

Felizmente, o grupo de planejamento do centro-sul do Texas já passou muitas horas reunido e entende muito bem os desafios que o esperam. Sua confiança e respeito mútuos serão postos à prova quando o grupo atacar esses desafios intimidadores no próximo ciclo de planejamento.

6.3 Quênia: fortalecer a governança com parcerias público-privadas

Em 2006, na véspera do Dia de São Valentim, também conhecido como Dia dos Namorados e que acontece em 14 de fevereiro, os românticos de toda a Europa se viram diante de uma mancha nas rosas que planejavam dar às namoradas (Cawthorne; Kimball, 2006). A agência de notícias Reuters acabara de divulgar abusos sociais e ambientais generalizados na floricultura do Quênia, país onde se cultiva a maioria das flores exportadas para a Europa. As notícias falavam de trabalhadores mal pagos cumprindo longas jornadas, abuso sexual generalizado, problemas de saúde e contaminação ambiental resultantes dos pesticidas e de outros produtos químicos usados no setor.

Quando ativistas sociais e ambientais começaram a sintonizar essas notícias, o lago Naivasha, no Quênia, logo se tornou um centro internacional de atenção e preocupação. Desde a década de 1980, as fazendas floricultoras do Quênia se tornaram os maiores fornecedores de flores do mercado europeu, despachando mais de 96.000 t de flores cortadas por ano, num valor de cerca de US$ 463 milhões (Fox, s.d.). O lago Naivasha é um eixo dessa produção, com mais de trinta grandes fazendas em suas margens que dão emprego a milhares de moradores locais.

O lago é reconhecido internacionalmente pela beleza e pela biodiversidade e suas margens atraem há muito tempo observadores de pássaros e outros amantes da natureza. Situado no Grande Vale do Rift, ele recebe quase toda a sua água dos rios Malewa, Turasha e Gilgil e, em 1995, foi reconhecido pela Convenção Ramsar como região úmida de importância internacional. Mas, nos últimos anos, a preocupação crescente com a saúde do lago e a queda de seu nível de água foram divulgadas por muitos que moram e trabalham na área. David Harper, professor da Universidade de Leicester com prolongada experiência de pesquisa na região, disse ao *The Times*, numa entrevista em 2006:

> Quase todo mundo na Europa que já comeu feijão ou morango queniano e admirou rosas quenianas comprou água do Naivasha. A extração insustentável de água para agricultura, horticultura e distribuição urbana e residencial está secando o lago. (Smith, 2006).

Isaac Oumo Oloo, ativista local e guia de safáris, exprimiu ideias semelhantes: "Pegamos essa água para plantar flores e depois mandá-las para a Europa, a 8.000 km daqui, para que as pessoas possam dizer 'amo você, querida' e as joguem fora três dias depois. Para mim, isso é um ato imoral" (Food & Water Watch and Council of Canadians, 2008).

Embora muita gente manifestasse o temor de que o declínio do nível do lago e a secagem dos rios fossem causados pelo excesso de consumo, a extração de água do lago e de seus afluentes só foi regulamentada recentemente. Em 1997, preocupado com a oferta de água e com medo dos danos à sua reputação empresarial, um consórcio de empresas produtoras de flores começou a colaborar no Grupo de Produtores do Lago Naivasha. "Vários produtores preocupados admitiram que, se não houvesse alguma regulamentação dentro do setor, havia risco de poluição, com impacto muito negativo sobre o meio ambiente", recorda Richard Fox, diretor de sustentabilidade da Finlay's Horticulture, no Quênia. O grupo de produtores logo expandiu seu foco para a alocação de água, e eles abriram o esforço de planejamento para um grupo muito mais completo de cidadãos e usuários, com funcionários do governo, operadoras de turismo, pequenos agricultores, pastores, grupos de pescadores, fornecedores públicos de água, produtores de energia geotérmica, pesquisadores, entre outros (República do Quênia, 2010). O grupo expandido terminou o primeiro plano de alocação de água em 2005.

O momento escolhido não poderia ser melhor. Em 2002, quando reescreveu a Lei Nacional da Água, o Quênia deu muita ênfase à formação de associações locais de usuários de recursos hídricos (WRUAs, na sigla em inglês).

Esses grupos centrados nos cidadãos são supervisionados e apoiados no país pela Agência Nacional de Manejo de Recursos Hídricos (WRMA, na sigla em inglês). A WRMA agora reconheceu oficialmente o Grupo de Produtores do Lago Naivasha, juntamente com outros cidadãos interessados, como WRUA daquele local. O plano de alocação de água do grupo foi formalmente adotado pelo governo queniano em 2010.

A Lei da Água de 2002 do Quênia instituiu várias outras reformas importantes para auxiliar a governança hídrica. A lei fortaleceu o sistema de alocação de água do país, que se baseia na concessão de direitos, e adotou o conceito de criar, em cada bacia hidrográfica, uma reserva hídrica que não pode ser alocada para assegurar que todos tenham acesso a água para atender às necessidades básicas e que água suficiente permaneça nos ecossistemas de água doce para manter sua saúde. A lei também criou um sistema de cobrança dos usuários, que pagam de acordo com o que usam, com o objetivo expresso de: (1) capacitar a WRMA a aumentar a eficiência de utilização da água no país; (2) obter dados sobre uso e disponibilidade de água; e (3) sustentar atividades de gestão hídrica, inclusive as realizadas pelas WRUAs. Também é digno de nota o modo como os direitos de uso de água são monitorados e impostos. Cada WRUA tem de fornecer pessoal para monitorar o cumprimento dos direitos e cobrar a tarifa pela utilização da água.

6.3.1 Plano de alocação de água do lago Naivasha

Em consequência das deliberações sobre o plano de alocação da água da bacia do lago Naivasha, a WRUA instaurou algumas metas e regras importantíssimas. Sua visão compartilhada da bacia foi assim expressa:

> a meta do plano de alocação de água é criar um arcabouço prático e sensato para a alocação e a remoção de água da bacia do Naivasha, acordado e adotado pelos interessados, baseado nas políticas e leis atuais, que vise a salvaguardar os ecossistemas naturais do excesso de retirada, ao mesmo tempo que suporte as múltiplas demandas feitas aos recursos hídricos. (República do Quênia, 2010).

O plano de alocação de água do lago Naivasha também estabeleceu a meta de reduzir em 10% o uso total de água até dezembro de 2012. Para facilitar o cumprimento da meta, o plano criou um sistema de permissões para todos os usuários e exige que instalem hidrômetros para medir o uso e informá-lo à WRMA.

Ele também criou um arcabouço para reduzir as alocações de água em tempos de escassez. O Quadro 6.2 detalha as regras estabelecidas para os que retiram água diretamente do lago; há regras semelhantes para usuários de rios e do lençol freático.

Quadro 6.2 Restrições do uso da água do lago Naivasha em períodos de escassez

Códigos coloridos para a restrição de retirada de água	Elevação do lago (em metros acima do nível do mar) e restrições hídricas a ela associadas
Verde = satisfatório Retiradas permitidas até o limite da concessão	Elevação do lago acima de 1.885,3
Laranja = tensão Pequenas restrições impostas	Elevação do lago entre 1.884,6 e 1.885,3 Oferta de água pública e doméstica: 100% Outros usos: 75%
Vermelho = escassez Restrições severas impostas	Elevação do lago entre 1.882,5 e 1.884,6 Oferta de água pública e doméstica: 75% Outros usos: 50%
Preto = proteção da reserva Retiradas limitadas às necessidades básicas de seres humanos e animais de criação	Elevação do lago abaixo de 1.882,5 Oferta de água pública e doméstica limitada apenas às necessidades básicas (isto é, 25 L por pessoa/animal por dia)

Fonte: adaptado de Kenya Water Resources Management Authority (2010).

Mas o sucesso na bacia do lago Naivasha dependerá em grande medida de como será executado o processo de concessão. O plano observa que alguns componentes do balanço hídrico não estão bem compreendidos e quantificados, o que torna dificílimo distribuir concessões de forma sustentável. Há muito pouco financiamento governamental para monitoramento da água, e a ausência de um balanço hídrico mais preciso frustrou o processo de concessões. Sem um sistema de concessões de água plenamente desenvolvido, o governo também perde uma importante fonte de receita que poderia ser usada para resolver essas deficiências.

"A grande dificuldade é que todo o plano de alocação de água depende de uma entidade governamental chamada Agência de Manejo de Recursos Hídricos", diz Fox,

> e eles têm uma falta imensa de pessoal e recursos, de modo que, quando fizemos uma pesquisa em 2010, verificamos que apenas 4% dos usuários de água tinham uma concessão válida. Essa abstração não regulamentada começou a fazer as pessoas realmente perceberem que, aqui, temos um setor valiosíssimo instalado num ecossistema muito frágil do qual depende o sustento do povo e que precisávamos de um plano para gerir isso, porque, do ponto de vista do setor, o risco comercial é significativo, em termos tanto financeiros quanto de reputação, caso a situação não seja administrada corretamente.

A reação das empresas privadas aos problemas hídricos do lago Naivasha exemplifica uma mudança rápida do pensamento corporativo global sobre riscos comerciais e responsabilidades ligadas à água. Stuart Orr comanda o programa empresarial de gerenciamento hídrico da entidade internacional de conservação World Wildlife Fund (WWF). Ele trabalhou com algumas empresas do entorno do lago Naivasha e com muitas outras pelo mundo para estimulá-las a assumir uma responsabilidade maior pela gestão hídrica sustentável, e ressalta que a água constitui um desafio inigualável às empresas porque é um risco e uma dependência:

> É uma dependência porque todas as empresas precisam de água de boa qualidade e na hora certa, e um risco porque está se tornando mais difícil, com mais usos concorrentes e com governança continuamente fraca. Esse vínculo corporativo com a água torna muito importante para as empresas trabalhar com outros nas comunidades locais para resolver as dificuldades hídricas mútuas; mas elas mal começaram a despertar para essa necessidade.

O primeiro-ministro do Quênia, reconhecendo a vulnerabilidade da economia e da saúde ecológica do lago Naivasha, encontrou-se em 2009 com o príncipe de Gales para pedir ajuda. Depois, os governos queniano e holandês e alguns grandes supermercados e varejistas britânicos ofereceram recursos para financiar assessoria privada e planejamento para a promoção do desenvolvimento sustentável da bacia do lago Naivasha, no chamado Projeto Imarisha (*imarisha* é uma palavra suaíli que significa renascer ou consertar). "Conseguimos provocar esse envolvimento fortíssimo do setor privado na gestão hídrica num ambiente em que todos poderiam contribuir com um plano para gerir de forma sustentável os recursos do lago Naivasha", diz Fox. Hoje, o Projeto Imarisha tenta criar uma fonte de financiamento privado de longo prazo. Nas palavras desse diretor:

> Nós vemos uma contribuição em cada flor vendida no Naivasha, em cada quilowatt de energia gerado no Naivasha, no número de leitos do turismo em Naivasha e na tarifa do uso de água do lago. Podemos aproveitar essas fontes de receita, contanto que a população perceba que é do interesse de todos a gestão sustentável dos recursos do lago.

Espera-se que esses recursos privados aumentem bastante a capacidade das WRUAs de implementar de forma mais completa o plano de alocação de água, principalmente a coleta dos dados necessários para quantificar melhor o balanço hídrico.

Com base na evolução até aqui, classifiquei os princípios de sustentabilidade do lago Naivasha no Quadro 6.3. A maioria dessas notas abaixo do desejável se deve ao estado incipiente do planejamento e de sua implementação nessa bacia. Antes da adoção do plano de 2010, não havia controle nenhum do uso da água. A essa luz, houve muito progresso.

A situação do lago Naivasha ajuda a ilustrar o fato de que alguns princípios de sustentabilidade que apresentei podem não ser relevantes em toda parte. Por exemplo, embora observe que a economia de 25% a 50% da água deva ser prontamente atingida em fazendas irrigadas (a própria Finlay's reduziu o uso em 40% nos últimos anos), o plano de alocação da água do lago Naivasha não impõe essa conservação de água de forma direta. Em vez disso, o plano supõe que, se a alocação de água for feita e limitada de modo adequado e proativo, o aumento da conservação pelos usuários existentes talvez não seja necessário e o governo não precise subsidiar a redução do consumo de água. Essa situação ilustra muito bem a questão de que, quando planos hídricos e sistemas de alocação são implementados antes que o uso da fonte de água se torne excessivo, as oportunidades de governança são muito mais baratas e politicamente palatáveis.

Em relação ao futuro, a WRUA do lago Naivasha pode prever o interesse crescente no mercado de água. Depois de estabelecer o teto do volume total de uso consuntivo na bacia, todos os usuários, novos ou existentes, que queiram expandir seu consumo serão restringidos por ele. Isso pode criar um ambiente fértil para a conservação e o mercado de água. Por exemplo, se os usuários tiverem permissão de vender a água poupada com a conservação a outros usuários que tenham mais necessidade, o incentivo à economia se tornará disponível. Pela experiência de outros mercados hídricos, podemos esperar que essa negociação resulte, provavelmente, num nível crescente de produtividade econômica, que, por sua vez, pode criar novos empregos e aumentar a renda. No entanto, é preciso tomar muito cuidado para assegurar que o uso de água de subsistência, como para beber e regar a horta familiar, fique bem protegido e que o mercado de água não atinja a reserva para necessidades humanas básicas e manutenção do ecossistema.

Quando perguntei a Richard Fox que conselho daria a outros grupos que estão se envolvendo na governança hídrica, ele ressaltou que a atenção e o entusiasmo podem se reduzir em épocas mais chuvosas. De acordo com ele:

> A questão é que, quando o nível de água é alto, some completamente da cabeça das pessoas que já houve problemas. Quando a seca volta, há grande potencial de surgimento de conflitos pela água. É importantíssimo fazer os interessados conversarem entre si. É importante que todos percebam que estão dentro de uma grande matriz de pessoas que dependem da água. A menos que cada um

deles sinta que recebe um quinhão justo ou que sua voz está sendo ouvida, o princípio todo não funciona. Nenhum grupo, seja ele grande ou pequeno, consegue atingir seu objetivo se todos não atingirem seus objetivos no processo.

Quadro 6.3 BOLETIM DE SUSTENTABILIDADE DO LAGO NAIVASHA, NO QUÊNIA

Princípios de sustentabilidade	Pouco ou nenhum progresso	Progresso notável	Desempenho extraordinário
Princípio nº 1: construir uma visão compartilhada do futuro hídrico da comunidade			✓
Princípio nº 2: estabelecer limites ao uso consuntivo total de água		✓	
Princípio nº 3: alocar um volume específico a cada usuário, monitorá-lo e impô-lo		✓	
Princípio nº 4: investir no potencial máximo de conservação da água	✓		
Princípio nº 5: permitir o comércio de direitos de uso de água	✓		
Princípio nº 6: caso água demais seja usada consuntivamente, subsidiar a redução do consumo		✓	
Princípio nº 7: aprender com os erros ou ideias melhores e ajustar o rumo pelo caminho			✓

6.4 COM O PODER VEM A RESPONSABILIDADE

O Texas e o Quênia são apenas dois entre muitos lugares do mundo onde os cidadãos e as empresas conquistam mais oportunidades de influenciar seu futuro hídrico. Esses embaixadores hídricos recém-empossados estão aprendendo depressa que nada é fácil quando se trata de água.

Nenhum dos grupos de planejamento local ou associações de usuários de água que se formaram recentemente terão a oportunidade de começar realmente do nada. Todos herdarão antigos legados de uso da água e, em muitos casos, receberão contas historicamente no vermelho. Também é provável que não tenham muitas oportunidades, pelo menos não já, de fazer grandes mudanças na política governamental de alocação da água.

Nesse sentido, lembro-me das dificuldades imensas que Nelson Mandela enfrentou quando se tornou presidente da África do Sul, em 1994. Ele sabia que, se seus cidadãos se concentrassem exclusivamente nos problemas imediatos do país, logo ficariam sobrecarregados e pessimistas. Em vez disso, Mandela inspirou seus conterrâneos a olhar o horizonte mais distante e ajudá-lo a construir um futuro em que todos pudessem prosperar.

Essa sabedoria é ainda mais pertinente em nosso esforço de resolver a escassez de água. Muitos grupos de governança hídrica em surgimento enfrentarão uma falta lamentável de informações e terão de trabalhar com o governo para montar um balanço hídrico razoavelmente preciso, de forma parecida com o que aconteceu no lago Naivasha. Pode ser demorada a aquisição de informações suficientes e confiáveis sobre toda a variedade de opções disponíveis para aumentar a oferta de água ou reduzir a demanda, como na caixa de ferramentas montada para a bacia do rio Colorado e discutida no Cap. 3. Em geral, a implementação dos princípios de sustentabilidade destacados no Cap. 5 exigirá um nível extraordinário de cooperação e coordenação entre órgãos do governo, empresas privadas e cidadãos, com compreensão extremamente divergente da ciência, das leis e da política relativas à água.

Resolver a escassez de água não deveria ser considerado um exercício de solução de problemas, como uma tarefa única. A governança hídrica bem-sucedida é um processo, uma estrada que nunca termina. Quando bem realizada, envolve aprendizado ativo, defesa, discordância, negociação, decisão e adaptação. Quando a democracia hídrica centrada no cidadão é construída com esse processo perpétuo em mente e quando seus participantes se comprometem a se manter à mesa quando as questões se tornarem espinhosas ou desconfortáveis, a perspectiva de sucesso é muito promissora.

sete

Como sobreviver à crise hídrica: a bacia Murray-Darling, na Austrália

Muitos povos aborígines da Austrália acreditam que todas as vidas vêm de poças de água doce. Não surpreende que, numa terra de extrema aridez e grande variabilidade de precipitação, a água assumisse importância espiritual. Os australianos originais conviveram com extremos climáticos instáveis e severos durante dezenas de milhares de anos; aprenderam a se adaptar e passaram essa sabedoria de geração em geração (Green; Billy; Tapim, 2010). Essa compreensão das flutuações hídricas entre as estações e os anos se reflete em seu calendário, idioma e arte e nas migrações nômades. Eles sabem há muito tempo aonde ir para encontrar peixe ou plantas comestíveis quando a chuva não vem.

O sustento dos modernos agricultores da região, por outro lado, está atrelado aos canais de irrigação. E quando, de 1997 a 2009, a Seca do Milênio deixou esses canais totalmente secos, eles se viram em grave perigo.

Durante a Grande Seca, como também passou a ser chamada, os agricultores australianos experimentaram uma escassez como nunca se tinha visto ou sabido. A seca foi tão grave que muitos rios e cursos d'água da bacia hidrográfica Murray-Darling (Fig. 7.1) pararam de correr. Vários agricultores ficaram sem água nenhuma para irrigação.

Alguns venderam o rebanho inteiro de vacas leiteiras quando ficou caro demais alimentar os animais com feno importado, outros viram árvores frutíferas maduras virarem lenha. Sem safra para vender, muitos começaram a se endividar com os bancos. Muitos fazendeiros endividados não tinham mais nada de valor para vender além dos direitos de uso de água. Depois que a água foi vendida e acabou, só restou o desespero.

"Começou a haver suicídios", diz John Conallin, filho de fazendeiro, sobre sua volta à região da bacia Murray-Darling depois de passar anos longe, na faculdade, estudando ciência ambiental e gestão de recursos naturais. "Alguns se sentiram tão desamparados que viram o suicídio como a única saída. Até meu pai, agricultor havia 50 anos, começava a se perguntar por que se dava ao trabalho de se levantar da cama todo dia."

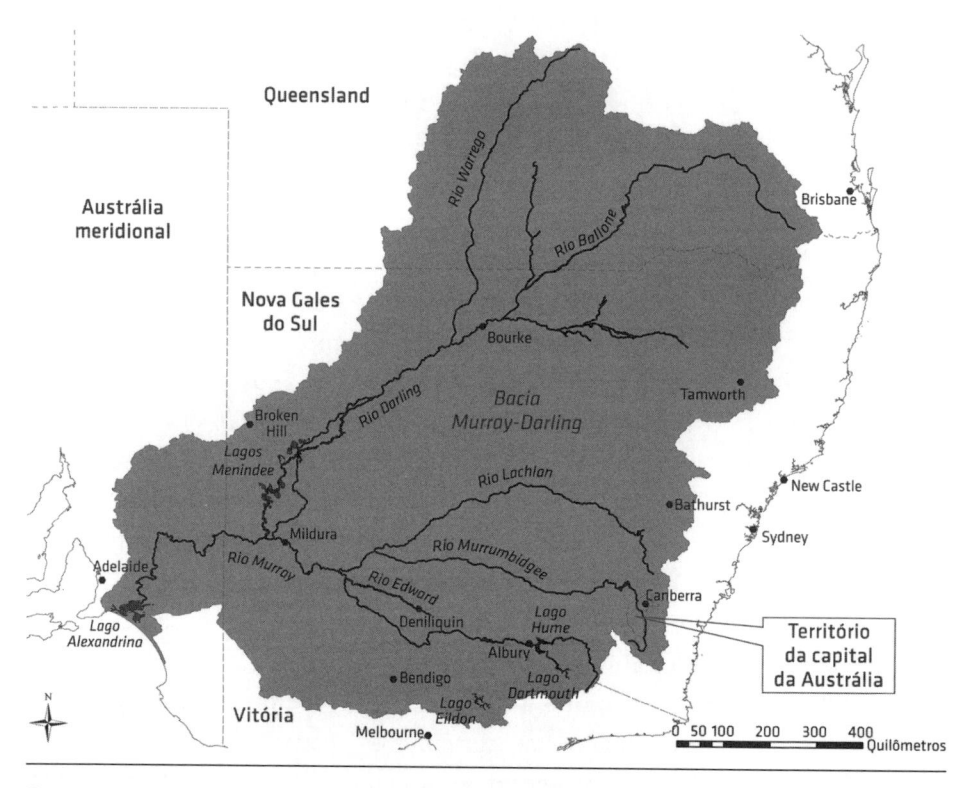

FIG. 7.1 *Mapa da bacia dos rios Murray-Darling, no sudeste da Austrália*

Fonte: baseado em dados do Centro de Dados Globais de Escoamento da Alemanha e do Departamento de Sustentabilidade, Meio Ambiente, Água, População e Comunidades da Austrália.

Os agricultores da Austrália já enfrentaram muitos anos secos. Mas em 2009, depois de mais de uma década de seca severa, eles chegaram ao fim da linha.

Em 2013, quando conheci Conallin, a seca acabara, mas ele ainda ficava profundamente aflito com as lembranças das dificuldades enfrentadas por sua família e seus vizinhos na comunidade agrícola de Deniliquin, às margens do rio Edward, afluente do Murray (Fig. 7.2). Conallin passou 14 anos na universidade e perdeu a seca quase toda, a não ser pelas breves visitas ao lar. Depois de se formar na Austrália, ele foi para a Dinamarca fazer o mestrado e o doutorado, e disse que, em 2009, quando finalmente voltou para a bacia dos rios Murray e Darling, "boa parte do sistema fluvial se desconectara e secara numa série de poças estagnadas. Os peixes morriam por toda parte. Levávamos água de caminhão-pipa para a fazenda. Começava a parecer que seria o fim de tudo".

A história daquela seca trágica e de como os australianos lidaram com ela é uma das mais interessantes e esclarecedoras que conheço sobre a água. Como na maioria das histórias de falta de água, a crise hídrica levou muito tempo para se formar na bacia Murray-Darling, mas o ímpeto de reforma e adaptação surgido durante a Seca do Milênio foi no mínimo extraordinário. Nessa história, há muitas lições para outras comunidades com problemas hídricos no mundo inteiro.

7.1 Viver na incerteza

A Austrália tem um dos climas mais variáveis do mundo. Há anos em que a bacia hidrográfica Murray-Darling recebe mais de 800 mm de precipitação; em outros, são menos de 250 mm. Essa incerteza de oferta de água tem sido fonte de angústia recorrente para os agricultores da região. Mesmo depois de quase dois séculos de colonização, hoje os descendentes de colonos europeus ainda brigam com o clima imprevisível do novo lar. Como escreveu Connell (2007), do qual vem boa parte das informações históricas aqui discutidas, "no início do século XXI os australianos ainda lutam para definir sua relação com o clima e a paisagem do continente".

A colonização europeia da região começou em 1836, com a fundação da colônia da Austrália meridional na planície de Adelaide, não muito distante da embocadura do rio Murray. Em poucas décadas, barcos a vapor subiam mais de 2.000 km rio acima até a cabeceira dos rios Murray e Darling para transportar lã, madeira e outros produtos de lá para o porto de Adelaide (Fig. 7.3). A descoberta de ouro na década de 1850 levou para a bacia milhares de novos colonos, juntamente com um apetite cada vez maior por mercadorias agrícolas. Mas desde o princípio a chuva imprevisível se mostrou o flagelo da agricultura australiana.

Na década de 1870, quando começaram a se instalar na bacia hidrográfica Murray-Darling, os agricultores ignoraram os avisos do inspetor-geral George Woodroffe Goyder de que as secas do tipo visto havia apenas uma década certamente voltariam. Não demorou para as previsões de Goyder se realizarem, deixando na aridez os campos dos agricultores e forçando-os a recuar até Adelaide em busca de outro modo de ganhar a vida.

FIG. 7.2 *Bacalhau-de-murray* (Maccullochella peelii) *é retirado morto de um curso d'água seco perto de Deniliquin durante a Seca do Milênio*
Foto: John Lolicato.

7.2 O SURGIMENTO DA AGRICULTURA IRRIGADA

Mas a presença de um rio caudaloso e a abundância de sol eram atraentes demais para os colonos agricultores resistirem muito tempo. Eles logo avaliaram que a irrigação seria essencial para seu sucesso. Dos 460 mm de precipitação média anual da bacia hidrográfica, apenas cerca de 6%, equivalentes a 32 bilhões de metros cúbicos (BMC), chegam ao sistema fluvial, porque o calor intenso e a forte aridez fazem a água evaporar muito depressa (Murray-Darling Basin Authority, 2010). A vazão do rio pode variar enormemente de um ano para outro. Em 1956, correram rio abaixo 118 BMC de água, mas em 2006 havia apenas 7 BMC de água disponíveis. Para complicar ainda mais a irrigação nessa parte do mundo, boa parte da água do sistema fluvial vem do derretimento da neve da Grande

Cordilheira Divisória, a leste, no final do inverno, que corre rapidamente na primavera, bem antes de ser necessária para a irrigação no verão e no outono. Para superar a limitação de água, os agricultores do final do século XIX construíram centenas de pequenas represas para captar a água do rio e usá-la na estação de crescimento no verão.

FIG. 7.3 *Rio Murray, perto de Renmark, na Austrália. Barcos a vapor percorrem esse trecho desde a década de 1860, a princípio para transportar mercadorias, mas hoje só levam turistas*

Muitos reservatórios maiores foram construídos no século XX (Fig. 7.4), dando mais certeza e estabilidade à produção agrícola. Na década de 1980, três anos inteiros de vazão do rio podiam ser armazenados em reservatórios, oferecendo água a uma rede extensa de fazendas e cidadezinhas rurais em toda a bacia hidrográfica. A Murray-Darling, chamada de celeiro da Austrália, responde hoje por quase dois terços de toda a terra agrícola irrigada do país, gerando cerca de metade da receita agrícola nacional. Praticamente todo o uso consuntivo (96%) da água dos rios Murray e Darling vai para irrigar algodão, arroz, outros cereais, alfafa, frutas e castanhas, uvas viníferas, criação de ovelhas e gado bovino de corte e leite (Tab. 7.1) (boa parte dos dados hídricos e agrícolas deste capítulo vem de um relatório preparado pela CSIRO, 2008).

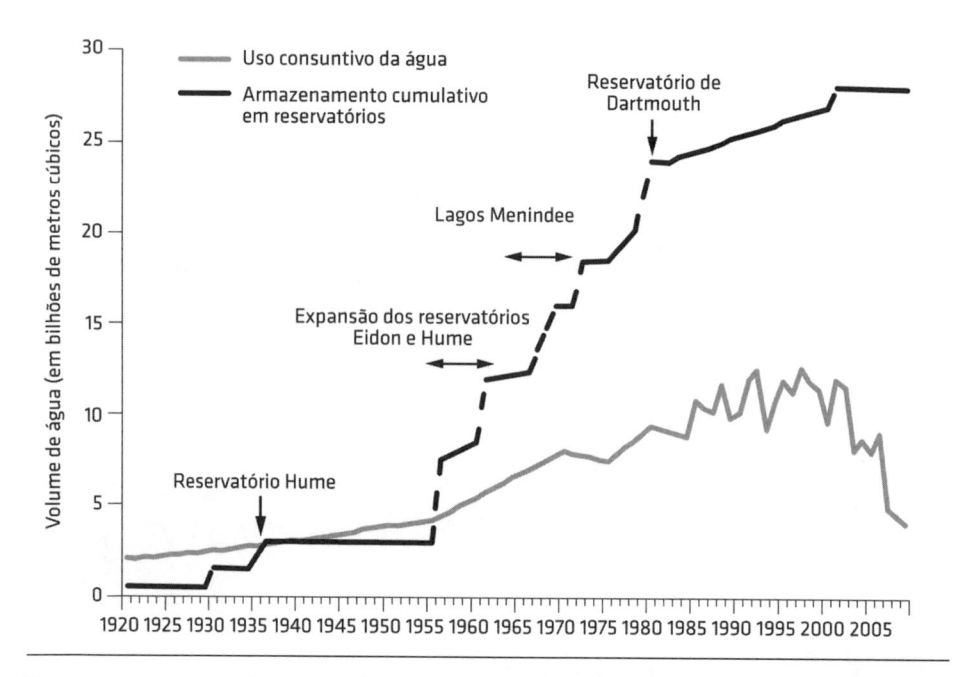

FIG. 7.4 *A construção de reservatórios na bacia hidrográfica do Murray-Darling acelerou rapidamente da década de 1950 até o fim do século XX, facilitando o uso cada vez maior da água na agricultura irrigada. Em consequência, a vazão no baixo rio Murray reduziu 40%, em média. Na Seca do Milênio, de 1997 a 2009, o consumo de água despencou aceleradamente porque muito menos água foi alocada para o uso*

7.3 Estabelecimento de regras para a alocação de água

Enquanto a prática da irrigação se espalhava rapidamente por Austrália meridional, Nova Gales do Sul e Vitória, esses Estados logo perceberam que era preciso ter regras para o compartilhamento de água tanto entre os Estados quanto entre os usuários dentro de cada Estado, para evitar conflitos e facilitar o desenvolvimento agrícola.

O Acordo das Águas do Rio Murray, assinado em 1915, ajudou a esclarecer a divisão da água entre os três Estados e também facilitou bastante a colaboração interestadual na construção de uma rede de represas, comportas e barragens para distribuir a água. Nessa época, cada um dos Estados também começou a instituir um sistema de alocação de água entre os usuários dentro de suas fronteiras. Nesse aspecto, é interessante comparar a abordagem adotada na alocação de direitos de uso de água no sudeste da Austrália com aquela usada no oeste dos Estados Unidos. A época e a natureza do desenvolvimento dos recursos hídricos nesses dois países são estranhamente parecidas. A descoberta de ouro em ambos os lugares mais ou menos ao mesmo tempo, em meados da década de

1860, provocou migrações em massa de mineiros em busca de fortuna, ao lado da necessidade premente de produzir alimento para os recém-chegados aos campos auríferos. Mas, quando surgiram competição e conflitos provocados pela escassez da oferta de água nas regiões mineiras da Austrália e dos Estados Unidos, os dois países seguiram abordagens bem diferentes para definir o direito de usar a água.

Tab. 7.1 BALANÇO HÍDRICO ANUAL DA BACIA HIDROGRÁFICA MURRAY-DARLING, NA AUSTRÁLIA, EM BMC (BILHÕES DE METROS CÚBICOS) (MAP, MILHÕES DE ACRES-PÉS)

	Estado não desenvolvido, sem uso de água	Nível atual (2008) de uso de água	Uso atual com clima projetado para 2030
Oferta de água			
Vazão de entrada nos rios	28,6 (23,2)	28,6 (23,2)	25,8 (20,9)
Transferências para a bacia hidrográfica	0	1,1 (0,9)	1,0 (0,8)
Vazão de retorno, de irrigação e urbana	0	0,2 (0,1)	0,2 (0,1)
Subtotal de contribuições à oferta	28,6 (23,2)	29,9 (24,2)	27,0 (21,8)
Uso consuntivo			
Agrícola (irrigação e pecuária)	0	9,7 (7,9)	9,4 (7,7)
Urbano	0	0,3 (0,2)	0,3 (0,2)
Perda em tubulações e canais construídos e no bombeamento de água subterrânea	0	1,4 (1,1)	1,4 (1,1)
Evaporação de reservatórios ou lagos naturais	4,4 (3,6)	3,9 (3,2)	3,5 (2,8)
Perdas fluviais naturais (evaporação e infiltração)	13 (10,5)	9,9 (8,0)	8,9 (7,3)
Subtotal de usos consuntivos	17,4 (14,1)	25,2 (20,4)	23,5 (19,1)
Vazão de saída da bacia hidrográfica	11,2 (9,1)	4,7 (3,8)	3,5 (2,8)
Vazão de saída como percentual da vazão de entrada	39%	16%	13%

Fonte: baseado em CSIRO (2008).

No oeste dos Estados Unidos, adotou-se um sistema de apropriação prévia, como discutido no Cap. 5. Esse sistema repartia os direitos de uso de água de acordo com a época em que o mineiro ou agricultor começou a usá-la, criando, assim, uma fila cronológica de prioridade hídrica. Quando a água escasseava, os que estavam no fim da fila não recebiam nada.

Os australianos abordaram a alocação de água de um modo bem diferente. Eles criaram um sistema de concessão de direitos em que cada classe – isto é, direitos à água de alta ou baixa estabilidade – receberia uma alocação ajustável que dependeria da disponibilidade hídrica total. Em alguns anos, todos os detentores recebem tudo a que têm direito, mas em anos mais secos recebem apenas uma parte. Como explicou Connell (2007), a abordagem australiana "tende a dividir o impacto da escassez entre os detentores de direitos em vez de privilegiar uns em detrimento de outros, refletindo, assim, a importância cultural dada à equidade do sacrifício".

Infelizmente, os ecossistemas de água doce ficaram sem água, tanto no sistema australiano de alocação quanto no americano.

7.4 A NATUREZA FORÇADA A PONTO DE ROMPER

Os ecossistemas naturais da bacia hidrográfica Murray-Darling sempre sofreram mudanças drásticas em anos secos e chuvosos, fenômeno que os cientistas australianos chamam de *boom-and-bust ecology*, ou seja, ecologia de prosperidade e devastação. Quando a chuva é abundante e os rios inundam as imensas várzeas, é época de prosperidade (Fig. 7.5). Milhares de charcos espalhados pela bacia hidrográfica passam de marrom a verde, as plantas explodem em flores, a população de peixes aumenta e milhões de aves aquáticas se reproduzem nos pântanos. Então, nos anos de devastação – os interlúdios entre os períodos chuvosos –, os ecossistemas naturais entram em repouso e a fisiologia adaptativa das espécies nativas, aprimorada durante milhares de anos de evolução, é posta à prova.

Tem havido muito mais devastação do que prosperidade nas últimas décadas. A construção de imensos reservatórios no século XX, embora tenha aumentado muito a capacidade de captar água dos rios para a irrigação, fez a vazão dos rios minguar e praticamente eliminou as cheias naturais, tão importantes para a saúde ecológica dos rios e charcos da bacia hidrográfica. No final da década de 1980, 40% menos água chegava à embocadura do rio, perto de Adelaide. A população de peixes caiu 90% desde a colonização europeia. A saúde ecológica do sistema Murray-Darling estava prestes a sofrer um colapso (Murray-Darling Basin Authority, 2010).

Um dos primeiros sinais do desastre iminente foi o acúmulo de sais no solo das várzeas provocado pelo excesso de rega nas plantações. O excesso de água de irrigação se infiltrou no lençol freático, que então subiu à superfície do solo, levando consigo os sais naturais. Com a falta de cheias regulares para lavar o sal, o solo da várzea se tornou salino demais para sustentar a vegetação nativa, como os majestosos pés de eucalipto-vermelho (*Eucalyptus camaldulensis*) que ladeiam as margens do rio Murray. Do mesmo modo, os nutrientes e outros produtos químicos aplicados na agricultura começaram a se acumular nos cursos d'água da bacia Murray-Darling em vez de serem regularmente levados para o mar. Esses nutrientes estimularam o crescimento indesejável de algas e plantas e transformaram riachos e charcos num limo lamacento.

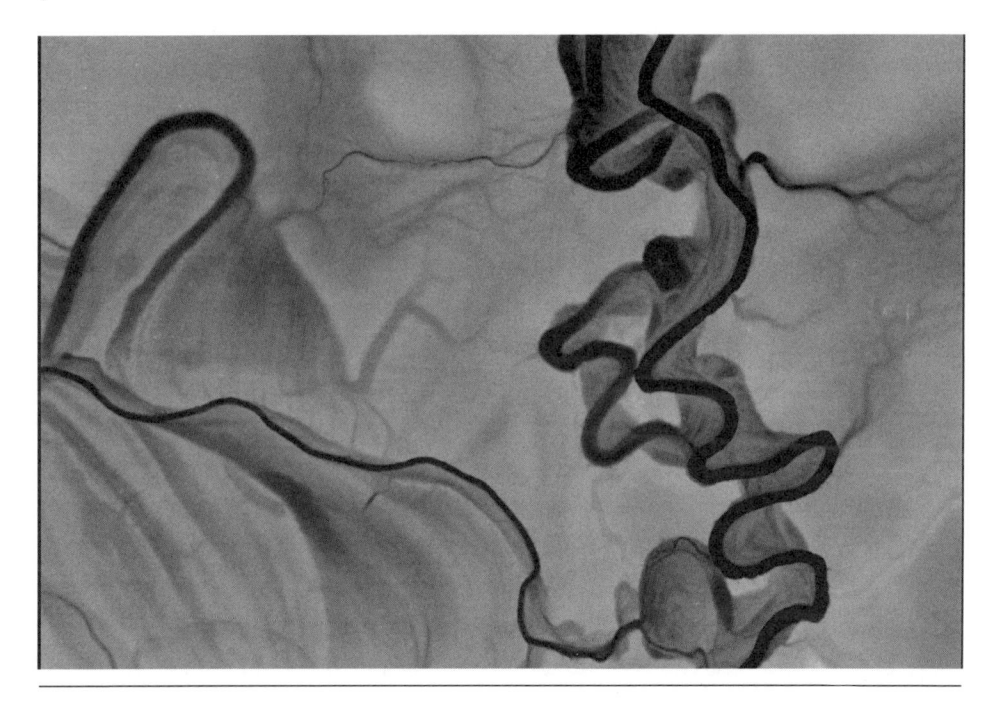

FIG. 7.5 Vistos do céu, os rios, cursos d'água e várzeas da bacia Murray-Darling formam um mosaico complexo de água e terra. Quando a água é abundante, os rios transbordam de seu leito e formam um labirinto de lagos e cursos d'água menores que aparecem nesta foto como canais cinzentos. O rio Murrumbidgee, afluente do Murray, é visível como uma linha preta sinuosa à direita da imagem. Nas cheias maiores, toda essa paisagem fica debaixo de água.

Foto: Murray Scown.

Então, em 1991, os 1.000 km mais baixos do rio Darling se transformaram num lodo escorregadio, venenoso e fedorento de algas verde-azuladas que matou quase tudo que vivia no rio, manchou a água potável distribuída à população e levou Nova Gales do Sul a declarar estado de emergência. Era hora de tomar providências ousadas e mudar a gestão da água na bacia Murray-Darling.

7.5 Um teto ao consumo de água
A eflorescência de algas venenosas no rio Darling foi o catalisador da abrangente reforma hídrica da bacia Murray-Darling na metade final da década de 1990. No

entanto, como na maioria das reformas da política hídrica, é mais fácil entendê-la no contexto de mudanças menores que a precederam em décadas anteriores.

A preocupação crescente com a competição pela água, juntamente com o declínio generalizado da saúde ecológica, levou a Austrália meridional a suspender a concessão de novos direitos à água no final da década de 1960 e Nova Gales do Sul a fazer o mesmo no início da década de 1980. Em 1985, os Estados que dividiam a bacia Murray-Darling e o governo federal, unidos no novo Conselho Ministerial da Bacia Murray-Darling, discutiram a necessidade de interromper a concessão de novos direitos de uso da água em toda a bacia hidrográfica.

No entanto, a iniciativa dos Estados de impedir novas utilizações da água não interrompeu o uso consuntivo crescente da bacia. Muitos agricultores ainda tinham direito a mais água do que usavam até então. Durante a década de 1980 e no início da década de 1990, eles continuaram a expandir a produção agrícola, utilizando cada vez mais a água a que tinham direito. O uso consuntivo atingiu novo pico no início da década de 1990, provocando a eflorescência de algas no rio Darling.

Em 1993, o conselho ministerial encomendou uma auditoria do uso da água em toda a bacia, publicada em 1995 depois de dois anos de estudo intensivo (Murray-Darling Basin Ministerial Council, 1995). A auditoria verificou que o uso consuntivo de água crescera 8% desde 1988. O mais preocupante foi a percepção de que quase um terço do volume dos direitos concedidos ainda não era usado; a auditoria previu que provavelmente metade dessa água seria utilizada em um futuro próximo, provocando ainda mais pressão sobre o sistema inteiro. Como resposta, o conselho ministerial exigiu um limite ao volume permissível de uso consuntivo na bacia como um todo. O Cap, ou o teto, como passou a ser conhecido na Austrália, foi implantado em 1997 e estabeleceu o novo limite de 11 BMC (8,9 MAP) de consumo total de água na bacia por ano, nível que se aproximava do volume consumido em 1993-1994.

O Cap foi um toque de despertar ouvido em toda a bacia Murray-Darling. Agricultores e cidades teriam de dar um jeito de viver dentro dessa restrição hídrica recém-imposta. Ao responder às queixas de fazendeiros e cidades que aspiravam a expandir o uso de água, o conselho ministerial indicou rapidamente o caminho à frente:

> O teto restringirá o desvio de água, mas não o desenvolvimento. Com a adoção do teto, o desenvolvimento será permitido, desde que a água necessária seja obtida com o aumento da eficiência do uso ou com a compra de água de empreendimentos existentes. (Murray-Darling Basin Authority, s.d.).

Em outras palavras, os usuários da conta de água da Murray-Darling tinham entrado numa nova era com eficiência hídrica, conservação e comércio de água.

7.6 Mais produção por gota

Com o teto implantado e a necessidade de acelerar o aprimoramento do uso da água para sustentar o crescimento constante da receita agrícola, os governos estaduais decidiram que chegara a hora de privatizar os distritos de irrigação estatais, com base na crença generalizada de que empresas privadas administrariam os distritos com mais eficiência e lucratividade. Nesse contexto, aumentar a eficiência significa usar menos água para produzir a mesma safra: mais produção por gota.

Em 1995, o governo de Nova Gales do Sul privatizou cinco distritos de irrigação. Foi um passo bem recebido por muitos fazendeiros, que o viram como oportunidade de obter mais controle sobre suas operações caso se tornassem acionistas de uma empresa de irrigação. Mas eles logo perceberam que as propriedades recém-adquiridas precisavam de reparos.

"Os fazendeiros logo descobriram que o sistema que operavam era muito ineficiente", observou Perin Davey, diretor de política hídrica da Murray Irrigation Ltd., maior empresa privada de irrigação da Austrália, que continuou:

> Eles notaram que havia muita ineficiência quando tiveram de pagar cada megalitro que passasse pelos canais, quer o usassem, quer não. Assim, as empresas tiveram de examinar a operação e se tornar mais eficientes. Em 1995, quando fomos privatizados, operávamos com 72% a 75% de eficiência. Nossa última avaliação mostra que hoje operamos com mais de 85%, com a intenção de continuar melhorando.

Esse aumento de eficiência resulta de um importante acordo entre o governo de Nova Gales do Sul e as novas empresas de irrigação durante as negociações para a privatização. O governo estadual se comprometeu a pagar US$ 190 milhões em 15 anos às empresas de irrigação para aumentar a eficiência e reduzir os problemas de salinidade, desde que as empresas investissem outros US$ 750 milhões em 30 anos (New South Wales Office of Water, 2011). A Murray Irrigation Ltd., empresa de Davey, usou parte desse dinheiro para reformar os canais de irrigação e implantar melhorias operacionais e economizou 30 milhões de metros cúbicos por ano. Outras empresas de irrigação e associações de fazendeiros seguiram rapidamente seu exemplo. A Associação de Rizicultores da Austrália, por exemplo, administrou um programa que financiou 65 projetos de eficiência em irrigação ao longo do rio Murray e um de seus principais afluentes, com uma economia de 11 BMC de água.

7.7 Financiamento do governo para a recompra de água

A imposição, em 1997, de um teto ao volume total de uso consuntivo foi um passo importantíssimo para interromper o esgotamento da vazão fluvial e a degradação ecológica a ele associada. No entanto, como revelou a auditoria hídrica de 1995, os direitos já concedidos ainda excediam o teto em até um terço, e o uso consuntivo superava repetidamente o teto de 11 BMC (ver a Fig. 7.6 e também a Fig. 7.4). O plano final da bacia, publicado em 2012 pela Agência da Bacia Murray-Darling, afirmava que, em 2009, 13,6 bilhões de metros cúbicos de direitos concedidos continuavam nos livros. Provavelmente o volume de concessões era mais alto no final da década de 1990, quando começou a Seca do Milênio, porque esse volume foi reduzido com a recompra ambiental de água durante a seca. Portanto, os governos estaduais e federal enfrentavam um dilema complicadíssimo: precisavam tirar da contabilidade o excesso de concessões, mas não queriam forçar a redução com meios puramente regulatórios nem sem indenizar de forma adequada os detentores afetados.

A solução escolhida foi a recompra de água de vendedores voluntários. Em 2002, o Conselho Ministerial da Bacia Murray-Darling lançou um programa ambicioso chamado Murray Vivo. O conselho dedicou ao programa US$ 700 milhões em cinco anos para comprar 500 milhões de metros cúbicos em direitos de uso de água, a serem mantidos pelo governo da Commonwealth e usados com fins ambientais.

Durante décadas, a compra de direitos de uso de água com objetivo ambiental ocorreu de forma parecida no oeste dos Estados Unidos, mas o modo como a água comprada é utilizada nesse país é diferente do uso da água ambiental na bacia Murray-Darling. Nos Estados Unidos, quando se compra o direito de um agricultor ou outro usuário com propósito ambiental, a água é simplesmente deixada no rio pelo detentor original e corre passivamente rio abaixo como vazão ambiental. Ao contrário, na bacia Murray-Darling boa parte da água ambiental é gerida do mesmo modo que um agricultor irrigaria uma plantação: a água costuma ficar armazenada num reservatório antes do uso e depois é cuidadosamente transferida para um charco, para a mata ciliar ou para um trecho específico do rio, muitas vezes através de encanamentos, canais de irrigação e barragens. Isso permite que o detentor da água ambiental, como o governo australiano, direcione estrategicamente a água comprada para os locais onde se acredita que produzirá o maior benefício ecológico. As compras de água do programa Murray Vivo, por exemplo, foram direcionadas para seis pontos do rio Murray muito valorizados pelos atributos ecológicos e pelo significado cultural e histórico para o povo aborígine (Murray-Darling Basin Authority, 2011).

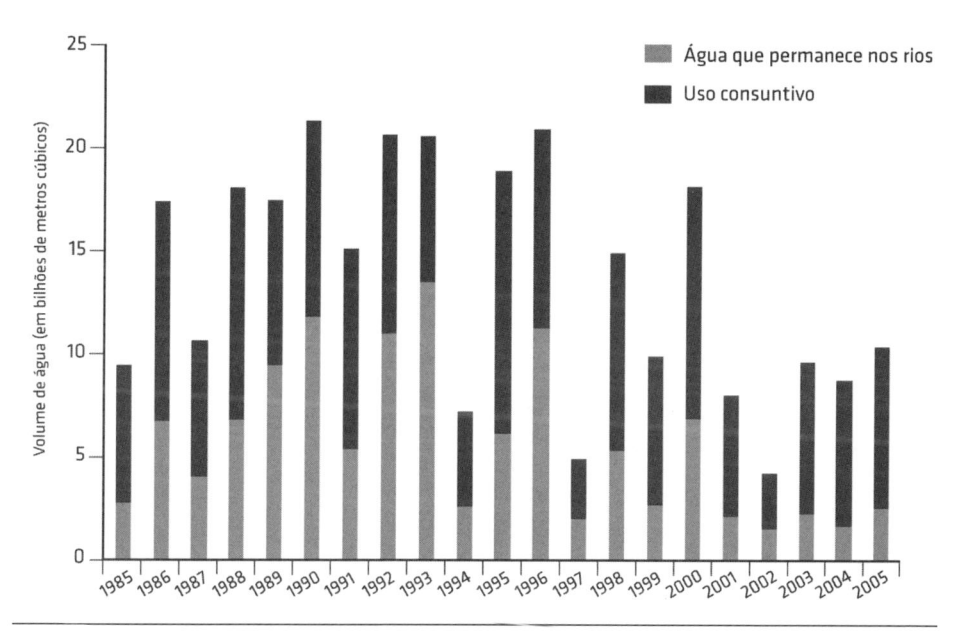

FIG. 7.6 *A altura total de cada barra desse diagrama representa a soma de toda a água disponível em rios e riachos da bacia Murray-Darling, na Austrália, em duas décadas recentes. Boa parte da água disponível foi usada de forma consuntiva na agricultura e o restante fluiu a jusante*

7.8 MAS AÍ PAROU DE CHOVER

Em resumo, as reformas hídricas implantadas no final da década de 1990 na bacia Murray-Darling – criação de um teto de uso consuntivo, privatização dos distritos de irrigação e recompra de água – estão entre as mudanças mais ambiciosas da política hídrica já tentadas por qualquer governo do mundo. Com essas reformas, os gestores da água da bacia deram um salto gigantesco rumo ao uso mais conservador, seguro e sustentável da água. Mas, por trás dessas reformas, uma nuvem escura – ou, mais exatamente, a ausência de nuvens escuras – se formava, pronta para pôr à prova usuários e governos de um modo que ninguém imaginava.

A Seca do Milênio foi se esgueirando pelos agricultores e gestores da água da bacia Murray-Darling. Os primeiros sinais de problemas surgiram em 1997, quando a vazão do rio caiu drasticamente. A chuva daquele ano não foi muito abaixo do normal, mas até mudanças pequenas da precipitação podem ter impacto surpreendente sobre o balanço hídrico e, principalmente, sobre a vazão dos rios em regiões áridas como o sudeste da Austrália. Nos anos secos, as plantações e a vegetação natural precisam de mais água do que normalmente, devido à temperatura e à evaporação mais altas. Com menos precipitação disponível e mais perda de água nas plantações e na vegetação, muito menos água escoa através da bacia até o rio. Em consequência, reduções de menos de 5% de precipitação na bacia Murray-Darling podem reduzir em mais de 20% a vazão do rio.

Nos anos secos, a água dos reservatórios também evapora mais depressa, ao mesmo tempo que os agricultores tiram mais água dos reservatórios para irrigar as plantações. E a situação piora porque os rios que correm para os reservatórios também baixam na época seca; sua vazão é insuficiente para repor a perda hídrica com a evaporação e a irrigação e o nível do reservatório cai rapidamente. Todos esses fatores se combinam para criar uma situação apavorante: as plantações precisam de mais água na época em que rios e reservatórios estão baixos.

As chuvas de 1998 a 2000 foram quase normais e o nível dos reservatórios se recuperou em grau modesto (o resumo da precipitação pluviométrica aqui apresentado se baseia em Potter et al., 2008). Mas em 2001 pareceu que a chuva tinha parado completamente. Mês a mês, a paisagem ficava cada vez mais seca. De 2004 a 2006, a precipitação ficou apenas 16% abaixo da média, mas a vazão média dos rios na bacia caiu muito mais, cerca de 39%. Em algumas áreas do sul da bacia, a vazão dos rios caiu quase 60%.

Os reservatórios logo foram esgotados pelos fazendeiros, que tentavam manter suas plantações vivas com a irrigação. Em 2007, os maiores reservatórios estavam quase esgotados. O armazenamento do reservatório de Dartmouth caiu a apenas 10% da capacidade, o de Eildon, a apenas 5%, e só restava 1% de água no reservatório Hume. Como explicou John Conallin, para os fazendeiros e os ecossistemas da bacia Murray-Darling, parecia que "era o fim de tudo".

No meio da seca, os governos estaduais e federal logo encomendaram várias avaliações para compreender os danos que se acumulavam. A Auditoria de Rios Sustentáveis realizada em 2007 só encontrou um dos 23 ecossistemas fluviais da bacia ainda em bom estado ecológico, e 20 deles em situação ruim ou péssima (Davies et al., 2008). Ao longo do rio Murray propriamente dito, quatro quintos dos lindos eucaliptos, muitos deles centenários, mostravam sinais de problemas, e mais tarde milhares dessas árvores morreram (Fig. 7.7), juntamente com centenas de bacalhaus-de-murray.

A situação estava péssima nas fazendas, e não parava de piorar. Devido à falta de chuva e ao esgotamento dos reservatórios, os fazendeiros recebiam, em média, apenas um terço da água que usavam antes da seca, e algumas fazendas com direitos de baixa estabilidade não receberam água nenhuma durante os três piores anos. Em termos gerais, a produção de laticínios da bacia caiu 14%, em média; a de algodão, 25%; a de carne, 50%; e a de arroz parou quase por completo (boa parte desse resumo econômico se baseia num artigo de Kirby et al., 2012).

Com os prejuízos aumentando e sem previsão do fim da seca, o governo federal decidiu que era hora de assumir o controle no lugar dos Estados.

FIG. 7.7 *Milhares de eucaliptos-vermelhos adultos que orlavam o rio Murray, muitos com centenas de anos, morreram durante a Seca do Milênio*

7.9 A MÃO PESADA DO GOVERNO

"A seca não parava", recorda Perin Davey, da Murray Irrigation Ltd. "A água ficava cada vez mais escassa. Os reservatórios estavam secando. Os gestores lutavam para atender às necessidades humanas fundamentais. Eles tinham de revezar prioridades para assegurar o fornecimento das cidades."

"Foi superassustador", disse Mary Harwood, funcionária federal. "Fitávamos cara a cara uma situação pavorosa, uma escolha dificílima de quem receberia água."

O governo federal estava cada vez mais ansioso e impaciente com os Estados e os pressionava para tomarem providências mais drásticas sem demora. Mas aí as negociações se encerraram. Davey recorda:

> No final de 2006, o estado de Vitória saiu da mesa de negociações e disse: 'Sinto muito, temos de cuidar dos interesses de nosso Estado'. Então os outros fizeram o mesmo. Malcolm Turnbull era o ministro da Água na época. Ele é um excelente empresário e negociador linha-dura. E decidiu que, se não conseguia obter uma fusão feliz entre os Estados, então a Commonwealth agiria por conta própria. Para isso, ele criou a Lei da Água.

A Lei da Água australiana de 2007 mudou, basicamente, o equilíbrio de poder entre governo federal e governos estaduais na condução da política hídrica. O governo federal recorreu a duas convenções internacionais das quais a Austrália é signatária como base para assumir o controle. A Convenção sobre Zonas Úmidas de Importância Internacional, também chamada de Convenção Ramsar, nome da cidade no Irã onde foi adotada em 1971, permite que os países signatários registrem áreas pantanosas para reconhecimento internacional, desde que se comprometam com sua proteção. Do mesmo modo, a Austrália é signatária da Convenção sobre Diversidade Biológica, elaborada na Cúpula da Terra realizada no Rio de Janeiro em 1992. Esses acordos internacionais, como afirmou o governo australiano, exigiam que o país impedisse o aumento da degradação dos ecossistemas de água doce e das espécies da bacia Murray-Darling. E isso significava fazer grandes ajustes no modo como a água era usada.

A Lei da Água criou uma nova Agência da Bacia Murray-Darling e a encarregou de preparar um plano para a gestão integrada dos recursos hídricos da bacia como um todo. Em conjunto com a Lei da Água, o governo australiano anunciou uma nova iniciativa nacional chamada Água para o Futuro e reservou ao longo de dez anos US$ 12,6 bilhões para sua implementação. Desses recursos, US$ 5,8 bilhões seriam destinados ao uso rural e projetos de infraestrutura para aumentar a eficiência de uso nas fazendas e US$ 3,1 bilhões para recompra de água.

7.10 Esboço do plano da bacia

É quase impossível entender o volume e o detalhamento da análise realizada para preparar o plano da bacia nos três anos seguintes à aprovação da Lei da Água. Os especialistas técnicos que montaram o plano dividiram a bacia em 19 sub-bacias para avaliar a água de superfície e outras 23 para examinar a água subterrânea dos aquíferos. Dentro dessas 42 áreas de planejamento hídrico, havia 107 subáreas nas quais seriam estabelecidos limites para o uso da água, ou *limites sustentáveis de desvio*. Os cientistas ambientais analisaram informações sobre mais de 2.400 *patrimônios ambientais*, que variavam de pequenos riachos montanhosos a grandes rios de planície. Equipes de economistas e sociólogos foram alistadas para avaliar as possíveis consequências socioeconômicas de vários cenários de limitação do uso da água. O relatório resultante, intitulado *Guide to the proposed basin plan (Guia do plano proposto para a bacia)*, juntamente com seus muitos apêndices e relatórios complementares, constitui um gigantesco repositório de informações sobre a bacia hidrográfica Murray-Darling (Murray-Darling Basin Authority, 2010). No decorrer dos três anos de sua preparação, centenas de pessoas foram contratadas para formulá-lo, ao custo de muitos milhões de dólares.

Quando o guia foi lançado publicamente, em outubro de 2010, o governo australiano estava despreparado para a reação negativa que explodiu nas cidades rurais e nas fazendas irrigadas. Mas alguma hostilidade poderia ter sido prevista. O guia exigia a redução mínima de 3 BMC do nível de uso consuntivo existente na bacia como um todo. Boa parte da redução do uso da água se baseava na necessidade de proteger pelo menos 60%, de preferência 80%, da vazão natural de todos os rios e cursos d'água da bacia para recuperar sua saúde ecológica. Devido aos diversos níveis de uso existente nas sub-bacias e dado o esforço recente de aumentar a eficiência da irrigação e recomprar água para o meio ambiente, os cortes almejados afetariam em graus variados partes diferentes da bacia. As reduções sugeridas no guia eram, em geral, de 30%, mas algumas áreas da bacia teriam de enfrentar até 40% de redução do uso de água.

Depois de ler a má notícia, milhares de agricultores queimaram o plano em protestos nas cidades rurais. Embora as reduções de uso de água fossem realizadas principalmente com as recompras, muitas comunidades rurais menores já sentiam as consequências indesejadas dessa recompra de água pelo governo e não a desejavam mais. Fazendas estavam parando de produzir, agricultores se mudavam da região e as empresas rurais fechavam por falta de freguesia. Fotografias das fogueiras alimentadas por centenas de exemplares do guia logo se espalharam pelos noticiários e pela internet. Da noite para o dia, o governo australiano percebeu dolorosamente que o povo mais afetado pelo plano – fazendeiros e moradores de pequenas cidades das regiões irrigadas da bacia – não tinha sido adequadamente consultado nem envolvido em sua formulação.

Depois de refletir, Mary Harwood disse:

> Aprendemos algumas lições horrendas com a divulgação do esboço do plano. Era uma tarefa impossível, sabe, obter algum tipo de tradução perfeita da alocação sustentável em todas aquelas bacias e todos os dilemas envolvidos. Acho que, quando se viu diante daquela tarefa mastodôntica, a agência [da Bacia Murray-Darling] decidiu que precisava se enfiar num *bunker* e trabalhar da melhor maneira possível sobre uma base científica, e saiu de lá com o esboço.

Perin Davey explicou a reação rural ao guia:

> A comunidade estava praticamente no escuro [durante o desenvolvimento do plano]. Disseram à comunidade: 'Estamos fazendo esses planos para a bacia, não se preocupem'. Mas o guia saiu e foi um choque absurdo para aquelas comunidades, a quem tinham dito: 'Não se preocupem com nada, isso será bom para vocês'. Não tínhamos nenhuma ideia de quanta água eles [o governo federal] tentariam recuperar nem de como planejavam conseguir isso. O guia é um caso clássico do que não fazer. Jogar o guia na mesa e dois dias depois aparecer numa cidade qualquer dizendo: 'Aqui está, não somos bons? Aqui estão suas 500 páginas, aqui está sua resposta'. Aquelas comunidades agrícolas tinham acabado de aguentar dez anos de seca e torvelinho, penduradas sem escada, só no pincel. Estavam simplesmente despreparadas para o que lhes entregaram.

7.11 DEVAGAR, O PÓ ASSENTA

Em 2009, John Conallin voltou da pós-graduação na Dinamarca, bem a tempo de assistir ao torvelinho social provocado pela publicação do *Guide to the proposed basin plan*. Pouco depois, ele conheceu Dave Leslie, gerente-geral da Agência de Manejo de Captação (Catchment Management Authority, CMA) do Rio Murray. Na década de 1990, as Agências de Manejo de Captação tinham sido criadas em Nova Gales do Sul para dar assistência a fazendeiros e outros moradores rurais interessados em aprender mais sobre manejo de recursos naturais. Previamente, a agência de Murray não se envolvera muito com questões hídricas, mas, com a controvérsia da água varrendo a região, Leslie ficou ansioso para apresentar uma nova abordagem, nas suas palavras,

> um modelo que inclua os moradores na paisagem e pare de tratar os problemas ambientais como dificuldades apenas biofísicas a serem resolvidas por administradores de Sydney e Canberra. Afinal de contas, pessoas causaram o problema, logo elas têm de fazer parte da solução.

Quando conheceu Conallin, Leslie soube que encontrara alguém capaz de ajudar a promover essa ideia. Conallin se lembra de que ele e Leslie começaram a conversar e Dave me perguntou o que eu achava de usar a ciência para dar subsídios à gestão, mas incluindo também as aspirações sociais. Ele me perguntou se eu poderia sair do papel de cientista puro e assumir um papel de comunicação e facilitação junto à comunidade. Era esse o papel que eu estava querendo. E disse: claro que posso.

Conallin passou os primeiros seis meses de seu novo emprego na agência de Murray estudando a ciência por trás do esboço do plano hídrico e escutando a comunidade. Segundo ele:

> De certo modo, era quase uma histeria. O que realmente achei interessante é que eles não se queixavam apenas dos cortes de água; os proprietários é que berravam mais alto sobre o estado do meio ambiente, eram eles que defendiam a vazão ambiental. Todos os peixes estavam morrendo, e eram peixes que se levava a vida inteira para pegar, e ver 20 ou 30 deles boiando mortos debaixo da ponte de Deniliquin [...] Quer dizer, houve pescadores que ficaram muito arrasados, eles viram toda a sua vida desaparecer com seus filhos. E pensaram: 'Meu filho nunca pescará um bacalhau-de-murray. Estão todos mortos'. E, sabe, era como se eles tivessem desistido [ver a Fig. 7.8].
> Eu sabia que só precisava deixar que desabafassem. Embora eu fosse do local, houve muito berreiro. É preciso lidar com isso, e nem todo mundo consegue. Alguns reagem e dizem 'a culpa não é *minha*'. Mas a questão não é essa. Eles só precisam desabafar. Sabe, somos mesmo animais sociais. A gente tem de triscar o chão, cheirar o outro, rosnar um pouquinho, conquistar confiança, mostrar que tem interesse no que está acontecendo, e só então dá para falar sobre as coisas, ao contrário de só chegar e dizer 'eis o que vamos fazer'.

Uma das primeiras coisas que Conallin fez foi se juntar a Lee Baumgartner, ecologista especializado em peixes, e seus colegas do Centro de Pesca de Narrandera. Eles pensaram em maneiras de envolver mais os membros da comunidade no processo de decisão e fazer com que se entusiasmassem pela ciência. Inseriram *chips* de rastreamento em alguns bacalhaus-de-murray. Quando uma onda de água foi liberada com objetivo ambiental de uma represa a montante, os bacalhaus correram rio acima para se alimentar e se reproduzir, e os cientistas os acompanharam pelo computador. Quando mostrou à comunidade local um vídeo dos movimentos dos peixes, Conallin soube que subira um patamar na conquista de seu interesse e confiança.

Perin Davey enfatiza a importância de transmitir as metas ambientais às comunidades locais:

> Nenhum de nós aqui quer destruir o meio ambiente. Mas vocês têm de nos mostrar o que estão fazendo com a água. Têm de monitorar os resultados e nos mostrar. Como contribuinte, quer dizer, são US$ 12 bilhões dos contribuintes que serão investidos em dez anos, e queremos saber o que está sendo conseguido.

FIG. 7.8 *Nessa fotografia, seguro orgulhoso um bacalhau-de-murray ao lado de John Conallin depois de pescar "o peixe de uma vida inteira"*

7.12 Olhar para trás e entender o que se aprendeu

A partir de 2010, o céu acima da bacia Murray-Darling se abriu e voltou a chover, e em dois anos choveu bastante. A chuva e o tempo ajudaram a aliviar a tensão. O Plano Final da Bacia foi publicado em novembro de 2012, sem muito alarde. Acho que, de certo modo, os australianos ficaram aliviados por ter deixado para trás a seca e o Plano da Bacia.

O plano final aliviou em quase 10% as reduções obrigatórias do uso consuntivo exigidas pelo esboço: de 3 BMC para 2,75 BMC. Obviamente, esse alvo final resulta de uma negociação prolongada e dificílima entre os governos federal e estaduais, além da reação às preocupações expressas pelas comunidades agrícolas. A redução para 2,75 BMC em direitos de uso de água levará o volume total deles para pouco menos de 11 BMC, mais ou menos o mesmo do teto de 1997. As críticas continuarão em boa parte da comunidade científica, porque até o esboço de plano sugeria que uma redução de até 7,6 BMC seria necessária para oferecer um alto grau de confiança na recuperação ecológica. Só o tempo, o monitoramento extenso e meticuloso e outra grande seca dirão se a redução de 2,75 BMC é ou não suficiente para manter os ecossistemas e as espécies de água doce. Em outubro de 2012, a primeira-ministra, Julia Gillard, anunciou que mais US$ 1,77 bilhão seria direcionado ao propósito de adquirir mais 450 milhões de metros cúbicos de água com objetivo ambiental. Isso elevará o total de recompra a 3,2 bilhões de metros cúbicos.

É interessante observar que avaliações recentes do impacto econômico da Seca do Milênio registraram que, em termos gerais, a economia agrícola aguentou a seca bastante bem. O uso agrícola de água durante a seca caiu em dois terços, devido à grande redução das alocações concedidas, mas a receita das fazendas só caiu 20% (Davies et al., 2008). Em grande parte, isso foi possível com o aumento enorme da produtividade da água, isto é, a receita gerada por unidade de água consumida. A quantidade de água usada para produzir cada dólar de receita agrícola caiu extraordinários 241% durante a seca.

Esse aumento da produtividade da água resultou do investimento generalizado em eficiência da irrigação e, o que é mais importante, do mercado de água. Antes de 2006, apenas 10 a 20 milhões de metros cúbicos de água eram anualmente negociados entre as diversas regiões agrícolas da bacia. Em 2008 e 2009, a atividade do mercado aumentou para 500 milhões de metros cúbicos por ano, embora o preço da água tivesse subido consideravelmente. A compra e a venda de direitos de uso de água foram importantíssimas para a economia agrícola por permitir que a água se deslocasse de culturas de baixo rendimento para outras de maior rendimento. No ponto máximo da seca, um volume imenso de água foi vendido por fazendeiros que cultivavam arroz, cereais e algodão, cujo retorno econômico do uso da água variava de US$ 0,3 milhão a US$ 0,6 milhão por BMC, para outros que conseguiam gerar de US$ 1,8 milhão a US$ 15 milhões por BMC cultivando uvas e outras frutas, legumes e plantas para venda em hortos.

O comércio de água deu aos agricultores da bacia Murray-Darling opções que podem ajudá-los a se manter vivos na fazenda. Quando conversei com Howard Jones (Fig. 7.9), de Mildura, que ama os charcos e os animais selvagens tanto quanto ama cultivar uvas e tomar bons vinhos, ele explicou a importância do mercado de água para os fazendeiros:

> O irrigador recebe uma alocação anual de água como seu direito. Caso o período seja seco, com água insuficiente nas represas para a alocação toda, a gente recebe uma parte. Isso pode exigir a compra de água no mercado, além do que a gente tem direito, para manter as árvores ou parreiras. Felizmente, quase sempre há alguns fazendeiros dispostos a vender ou alugar a água em vez de plantar naquele ano. Desse jeito, dá certo para todo mundo.

Jamie Pittock, especialista em política hídrica da Universidade Nacional Australiana, em Canberra, ressalta outro benefício apurado durante a seca:

> Costumamos dizer que não se pode gerir o que não se mede. Um dos ótimos efeitos colaterais das reformas do mercado da água foi a grande melhora da contabilidade hídrica. Ninguém vai negociar água se não souber direito o que está comprando ou vendendo. Os quatro Estados e o território da capital contabilizavam a água de jeitos um pouco diferentes, e isso teve de ser harmonizado e nacionalizado. Os novos procedimentos contábeis nos darão informações necessárias para gerir melhor a água no futuro.

Pittock também enfatiza que a melhor maneira de melhorar um plano hídrico é exigir sua revisão a intervalos regulares: "Um dos melhores aspectos do Plano da Bacia Murray-Darling é que precisa ser revisto pelo menos a cada dez anos, criando uma oportunidade regular de refletirmos sobre como agir melhor no próximo período".

FIG. 7.9 *Howard Jones, vinicultor de Mildura, adora perambular pelos charcos do rio Murray tanto quanto adora cultivar uvas. Ele se entusiasmou ao me mostrar um de seus animais selvagens favoritos, o escinco-de-cauda-truncada* (Tiliqua rugosa).

Com base nas reformas e no aprendizado adaptativo que ocorreu na bacia hidrográfica Murray-Darling, eu daria aos usuários de água e formuladores de políticas da Austrália notas altíssimas de sustentabilidade (Quadro 7.1). Praticamente todo mundo com quem conversei no país – de autoridades hídricas em Canberra a irrigadores e pescadores das comunidades rurais – concordou que é preciso um esforço maior para que os moradores de áreas rurais tenham mais influência sobre seu futuro, para que contribuam com uma visão compartilhada da gestão hídrica (princípio nº 1).

Quadro 7.1 BOLETIM DE SUSTENTABILIDADE DA BACIA HIDROGRÁFICA MURRAY-DARLING, NA AUSTRÁLIA

Princípios de sustentabilidade	Pouco ou nenhum progresso	Progresso notável	Desempenho extraordinário
Princípio nº 1: construir uma visão compartilhada do futuro hídrico da comunidade		✓	
Princípio nº 2: estabelecer limites ao uso consuntivo total de água			✓
Princípio nº 3: alocar um volume específico a cada usuário, monitorá-lo e impô-lo			✓
Princípio nº 4: investir no potencial máximo de conservação da água			✓
Princípio nº 5: permitir o comércio de direitos de uso de água			✓
Princípio nº 6: caso água demais seja usada consuntivamente, subsidiar a redução do consumo			✓
Princípio nº 7: aprender com os erros ou ideias melhores e ajustar o rumo pelo caminho			✓

Nos corredores do governo federal, em Canberra, a nova palavra da moda é *localismo*. Como enfatizou Dave Leslie em nossa conversa,

> os burocratas e políticos importantes têm de aprender a aceitar os riscos de delegar para baixo. Precisam se sentir à vontade quando transferirem recursos e responsabilidade a níveis mais baixos. E, nesses níveis mais baixos, é preciso aumentar a capacidade, e isso exige trazer pessoas como John [Conallin], com capacidade técnica e de comunicação, para juntar todo mundo no local.

Também fiquei muito empolgado quando ouvi membros das comunidades rurais admitirem que os ocupantes de órgãos do governo em Canberra estão tentando fazer o melhor e evitar os erros sociais cometidos na formulação do Plano da Bacia.

"A consulta tem de ser muito, muito boa", disse Perin Davey, que continuou:

> É preciso elogiar o Environmental Water Holder [Titular da Água Ambiental, órgão federal responsável pela recompra de água ambiental], que aprendeu muito desde que começou a funcionar. Eles passaram a construir um relacionamento aqui no campo. E uma grande parte se resume a isso: construir relacionamentos.

oito

Em busca da esperança

REGULARMENTE ME PERGUNTAM como consigo me manter otimista apesar do que sei sobre as dificuldades hídricas mundiais. Sem dúvida há muitas notícias deprimentes sobre escassez de água nos meios de comunicação globais. O site de buscas na internet que configurei em meu computador mostra automaticamente uma torrente contínua de reportagens sobre lutas pela água no mundo inteiro e, a cada dia, traz mais notícias ruins sobre pessoas, economias e ecossistemas que sofrem com a escassez hídrica.

Na verdade, uma avaliação objetiva da situação hídrica global não revela um quadro esperançoso. A tendência não é boa. Está começando a haver falta em lugares que pareciam ter água abundante, como no leste dos Estados Unidos e no sudeste da Ásia, e o impacto da escassez parece se intensificar em toda parte. O volume de uso da água forçou os limites da disponibilidade em muitos lugares.

Mas não precisa ser assim. Continuo otimista com nosso futuro hídrico global por uma razão primária e bastante irônica: atualmente gerimos tão mal a água e com tamanho desperdício que existem muitas oportunidades de atender à nossa necessidade com a oferta de água disponível durante mais duas ou três décadas. A história recente do uso de água nos Estados Unidos é um caso desses. A retirada de água do país atingiu o ponto máximo em 1980 e desde então permaneceu constante, embora a população americana tenha aumentado mais de um terço. Isso se conseguiu principalmente com o aumento da eficiência do uso de água na produção de eletricidade e na agricultura irrigada, as duas categorias que mais usam água nos Estados Unidos. Em algumas regiões do país, o aumento da eficiência hídrica nas últimas três décadas permitiu que as cidades crescessem sem esgotar as fontes locais. Em outras regiões, a economia de água reduziu a pressão sobre fontes já demasiadamente usadas, o que diminuiu o risco de ficar sem água e restaurou a vazão que sustenta a vida de ecossistemas de água doce em extinção.

Há um grande potencial de fazer muito mais pela conservação tanto nos Estados Unidos quanto em todos os outros países que sofrem falta de água. Como discutido no Cap. 3, uma redução de apenas 15% a 20% do uso consuntivo na agricultura liberaria água suficiente para aliviar substancialmente a escassez na maioria das regiões do mundo com estresse hídrico. E todas as cidades com dificuldades poderiam reduzir ainda mais a demanda de fontes desgastadas com a aplicação de medidas de conservação de água urbana já disponíveis e com boa relação custo-benefício. Como enfatizou o Conselho Mundial da Água em seu relatório *Visão mundial da água* de 2013, "a crise não se deve à existência de pouca água para satisfazer nossa necessidade. Esta é uma crise em que a água é tão mal gerida que bilhões de pessoas – e o meio ambiente – sofrem muitíssimo" (World Water Council, 2013).

Num prazo mais longo, como nos próximos 50 anos, nossa capacidade de assegurar água suficiente para beber e outros fins domésticos, cultivar alimentos e gerar eletricidade dependerá em grande parte do tamanho da população humana global e dos avanços tecnológicos. Em termos mais específicos, nosso futuro hídrico dependerá de o progresso tecnológico passar à frente do crescimento populacional, de modo que a tendência atual de aumento da escassez de água comece a se inverter. De máxima importância aqui é o vínculo inextricável entre água e uso de energia. Das seis ferramentas hídricas que descrevi no Cap. 3, o emprego de três delas – importação de água, reúso (reciclagem) e dessalinização – sofre forte restrição em razão do custo da energia. Esse custo não se reduzirá muito com a melhora da tecnologia de dessalinização e reciclagem de água; em vez disso, a probabilidade de aplicação mais ampla dessas ferramentas dependerá da redução do custo de produção da energia exigida por essa tecnologia, e isso sem aumentar as emissões de carbono que provocam a mudança climática.

Se conseguirmos produzir energia a um custo mais baixo e de modo a alterar menos o clima, o potencial de longo alcance de tecnologias como a dessalinização – transformar água salgada em água doce – pode ser extraordinário. Consideremos o fato de que 97% de toda a água da Terra está nos oceanos e que mais de 40% da população global já vive a menos de 100 km do litoral. A mudança maciça para o uso da dessalinização pelas cidades costeiras poderia reduzir muito a pressão sobre diversos aquíferos e bacias hidrográficas do planeta. Contudo, será preciso, ao mesmo tempo, tomar cuidado para não criar problemas ecológicos nos *habitat* litorâneos com o descarte impróprio da salmoura concentrada, subproduto da dessalinização.

Embora eu seja otimista quanto ao imenso potencial de melhora do uso de água e da gestão hídrica e, portanto, quanto à capacidade de aliviar a escassez hídrica, preocupa-me que essas melhoras estejam acontecendo muitíssimo devagar. Em consequência, cada vez mais gente é afetada todo ano pela falta de água e mais ecossistemas de água doce são desnecessariamente prejudicados pelo uso excessivo. Temos de implementar rapidamente medidas corretivas.

Mas não deveríamos esperar nem aguardar que os governos liderem o caminho da solução da escassez de água. Muitos fatores, detalhados no Cap. 4, limitam a capacidade, a disposição e a agilidade da maioria dos governos para promover mudanças rápidas. Em vez disso, o comando e a inspiração da mudança da gestão hídrica terão, quase sempre, de vir dos indivíduos, entidades e empresas afetados negativamente pela falta de água. Eles têm muito a perder e têm também necessidade, paixão e dedicação para exigir as mudanças necessárias. Isso não significa que devam agir excluindo o governo, mas precisam ir à frente, com a esperança de que o governo vá atrás.

Felizmente, milhões de pessoas – profissionais do setor hídrico, cientistas e líderes comunitários locais – estão propondo soluções práticas para a água e atraindo apoio para sua implementação. Seu esforço inspirado trouxe de volta à vida fontes de água esgotadas, ecossistemas degradados e as comunidades que deles dependem. Há muitos fatores em comum nessas histórias de sucesso, e destaquei vários neste livro. Na última década, vi algumas reviravoltas drásticas em lugares onde anteriormente a solução parecia inatingível. Em quase todos esses casos, a mudança de ímpeto foi catalisada por um indivíduo ou entidade que viu o potencial de solução e inspirou um movimento nessa direção.

Hoje uma história muito esperançosa surge finalmente no delta do rio Colorado, onde uma coalizão de entidades conservacionistas chamada Colorado River Delta Water Trust – Conglomerado da Água do Delta do Rio Colorado – vem obtendo muito progresso sob a liderança de Yamillet Carrillo e Osvel Hinojosa. Esses dois conservacionistas mexicanos se conhecem desde a adolescência, passada em Monterrey, no México. Na faculdade, ambos foram recrutados para ajudar a fazer o inventário científico dos charcos que restavam no delta do rio Colorado. Quando aprenderam mais sobre os vastos charcos e a vida selvagem que tinha se perdido com a secagem do rio, eles se motivaram para dar um jeito de levar a água de volta ao delta. Ambos se pós-graduaram no *campus* de Tucson da Universidade do Arizona, em que Yamillet fez o doutorado em administração de recursos naturais renováveis e Osvel, em ciência da pesca e da vida selvagem. Hoje os dois são uma força unificada em prol da natureza do delta e trabalham para a organização não governamental Pronatura Noroeste, que se uniu ao Instituto Sonoran, ao Environmental Defense Fund e à The Nature Conservancy para formar o Delta Water Trust. Eles compram de agricultores e outros usuários os direitos de uso de água para restaurar a vazão do rio no delta ressecado. Recentemente, sua iniciativa recebeu um bom empurrão quando os governos americano e mexicano se comprometeram em conjunto a aumentar a eficiência da irrigação em fazendas mexicanas e restaurar a vazão do rio no delta, na esperança de promover um futuro mais sustentável para o rio Colorado. Com o retorno da água, muitos aguardam o reaparecimento do imenso peixe totoaba e preveem com ansiedade a volta ao delta da lendária riqueza de aves aquáticas.

A água já voltou a correr, pelo menos de vez em quando, no baixo rio Tarim, no extremo noroeste da China. Na segunda metade do século XX, o uso da água do Tarim na agricultura aumentou rapidamente a ponto de secar por completo a parte baixa do rio. Xiaoya Deng, aluna de doutorado da Escola do Meio Ambiente da Universidade Normal de Pequim, cresceu na bacia do Tarim. Ela se lembra de visitar o rio – chamado rio-mãe da província de Xinjiang – com o pai em numerosas ocasiões quando criança, numa época em que água abundante corria rio abaixo. Mas quando voltou a visitar o rio depois de adulta, em 2009, ela ficou consternada ao ver que todos os majestosos choupos *(Populus euphratica)* ao longo do rio tinham morrido ou estavam extremamente prejudicados pela falta de água. Ao falar de seu amado rio, Deng disse: "Não havia verde lá. Eu queria muito fazer algo bom por ele".

Deng e seus colegas da universidade acumularam indícios convincentes de que a floresta de choupos poderia ser restaurada se a vazão do rio voltasse, mesmo que de forma intermitente. Em decorrência dessas informações científicas, o governo chinês investiu US$ 1,75 bilhão num projeto de deslocamento de água ecológica para restaurar a saúde do rio Tarim e das matas ciliares. A pesquisa de Deng ajudou as autoridades do governo a entender que a liberação ocasional e regular de água dos reservatórios a montante poderia devolver a vida à floresta de choupos. Pelo menos 13 pulsos de água foram liberados no baixo Tarim com o programa de restauração, e os choupos reagiram com crescimento espetacular. O financiamento do governo permitiu que muitos agricultores que usavam a água do Tarim instalassem equipamento eficiente de irrigação por gotejamento, o que reduziu o volume hídrico necessário nas plantações e permitiu que mais água ficasse no rio. Deng mostra com orgulho aos visitantes seu rio renascido, principalmente em outubro, quando os choupos se inflamam com as cores de outono.

Algumas organizações não governamentais e empresas privadas vêm promovendo estratégias hídricas que aliviam a situação em muitos lugares ao mesmo tempo. Andrew Warner, um de meus colegas da The Nature Conservancy, nasceu em Trípoli, na Líbia, e, graças ao alistamento do pai na Força Aérea dos Estados Unidos, morou em sete regiões diferentes do mundo antes de terminar o ensino médio. Certamente sua familiaridade com organizações militares foi um dos fatores de sua proposta para que The Nature Conservancy fizesse uma parceria com o Corpo de Engenharia do Exército dos Estados Unidos na gestão de represas desse país. O Corpo de Engenharia é um dos maiores órgãos de gestão hídrica do mundo e responsável pela operação de quase 700 represas e outros tipos de infraestrutura hídrica nos Estados Unidos. Em 2002, The Nature Conservancy e o Corpo de Engenharia assinaram um acordo de parceria nacional, o chamado Projeto Rios Sustentáveis, no qual se estudam maneiras de melhorar a operação das represas para promover a saúde ecológica, as oportunidades recreativas, o manejo da vazão, o fornecimento de água e a produção de energia hidrelétrica.

Empresas privadas também podem ser catalisadoras de mudanças. A Coca-Cola Company, por exemplo, lançou em 2007 o programa Replenish, que disponibiliza mais água para comunidades e ecossistemas de água doce com investimentos em projetos hídricos locais, como cavar novos poços em comunidades rurais pobres ou reflorestar bacias hidrográficas desmatadas para aumentar sua vazão. Até o final de 2012, a empresa forneceu US$ 247 milhões a 386 projetos em 94 países (veja mais informações sobre esse programa hídrico comunitário em Coca-Cola Company, 2012).

Outras empresas também estão se envolvendo com problemas hídricos de comunidades locais como parte de seu modelo de negócios. Em 2013, o Prêmio Industrial da Água de Estocolmo, concedido todo ano na Suécia como parte da Semana Mundial da Água, foi concedido à Netafim, grande fornecedora mundial de equipamento para aumentar a eficiência da irrigação. A empresa se especializou em desenvolver soluções hídricas apropriadas para agricultores pobres de regiões em desenvolvimento. Além de fabricar equipamento para irrigação, a Netafim oferece treinamento a agricultores de países subdesenvolvidos e os ajuda a maximizar a produção enquanto minimizam o consumo de água. Em Níger, por exemplo, a aplicação do sistema de irrigação Netafim permitiu que os agricultores mais que triplicassem a produção de frutas e hortaliças, e em três anos, na Índia, mais de 40 mil pequenos agricultores aumentaram sua renda em 20%, em média (mais informações sobre o Prêmio Industrial da Água de Estocolmo e as realizações da Netafim podem ser encontradas em Siwi, 2013). Programas empresariais como esse, que oferece treinamento e uma tecnologia aperfeiçoada, serão importantíssimos para aliviar a falta de água e aumentar a produção de alimentos nas regiões mais pobres do mundo.

Um dos indicadores mais esperançosos que vi nos últimos anos é a compreensão crescente no setor privado da necessidade de fortalecer a capacidade governamental de gerir bem a água para que haja mais certeza da oferta hídrica. As Nações Unidas, por meio do CEO Water Mandate (Fórum Internacional da Água), seu programa hídrico lançado em 2007, vêm facilitando um diálogo produtivo entre centenas de empresas nacionais e multinacionais, bancos de investimento e desenvolvimento, organizações não governamentais, instituições acadêmicas e outros interessados (mais informações sobre o CEO Water Mandate das Nações Unidas estão disponíveis na internet em <http://ceowatermandate.org/>). Os integrantes do Water Mandate

> buscam causar impacto positivo [...] mobilizando uma massa crítica de líderes empresariais para apresentar soluções de sustentabilidade hídrica em parceria com as Nações Unidas, organizações da sociedade civil, governos e outros interessados.

Os participantes das discussões do Water Mandate examinaram as fronteiras da responsabilidade empresarial no auxílio à solução de crises hídricas locais e regionais e têm trabalhado juntos para desenvolver diretrizes para a participação empresarial na governança hídrica.

Muitas empresas que começam a se envolver com os governos e com outros usuários de água para melhorar a governança hídrica estão descobrindo rapidamente que nenhuma empresa ou entidade isolada, por maior ou mais rica que seja, conseguirá resolver sozinha a falta de água recorrente. Em vez disso, as empresas e organizações da sociedade civil perceberam que só se

8 EM BUSCA DA ESPERANÇA | 167

agirem juntas, de maneira coletiva e colaboradora, como os interessados no lago Naivasha, será possível reunir a capacidade, os recursos e os conhecimentos necessários para superar problemas hídricos locais (United Nations CEO Water Mandate, 2012). Uma ferramenta on-line chamada Water Action Hub (Eixo de Ação Hídrica) foi desenvolvida pelo Water Mandate para as empresas que queiram identificar possíveis colaboradores que usem a mesma fonte de água. Se conseguirem dar um jeito de colaborar de forma produtiva, tanto entre seus pares nas empresas privadas quanto com autoridades do governo e organizações da sociedade civil, essas empresas poderão ser de grande valia em locais onde o governo não consegue ou não se dispõe a implementar as ações corretivas necessárias para resolver a falta de água. Para promover o sucesso hídrico duradouro, será essencial que esses atores empresariais se concentrem em três atividades específicas: (1) aprender a linguagem dos balanços hídricos e contribuir estrategicamente com recursos para obter soluções práticas e com boa relação custo-benefício para reequilibrar os balanços no vermelho; (2) ajudar a transferir o poder para que as comunidades locais de usuários de água configurem seu futuro hídrico coletivo; e (3) seu trabalho deve complementar *e nunca suplantar* o papel dos governos na gestão hídrica. Sua meta suprema deveria ser sempre aumentar a capacidade dos governos e das comunidades locais de gerir bem a água.

Essas histórias são apenas alguns sinais esperançosos dentre as centenas deles que estão surgindo hoje no mundo inteiro. Comunidades demais estão em busca de água há demasiado tempo. Chegou a hora de viver dentro dos limites da disponibilidade natural de água para que possamos colher os benefícios de um futuro com segurança hídrica. Afinal, só quando tivermos o suficiente seremos capazes de avaliar verdadeiramente a sorte milagrosa de termos nascido no único planeta azul.

Mais tarde, naquela noite, começou a chuviscar. Depois a chover forte – como se o céu dissesse que, assim que todos conseguíssemos cooperar, de um jeito ou de outro haveria água suficiente para todos.

Stanley Crawford, Mayordomo: chronicle of an acequia in Northern New Mexico

referências bibliográficas

2011 SOUTH Central Texas regional water plan. 2011. Disponível em: <www.regionltexas.org/2011_rwp2.php>.

ADEE, S.; MOORE, S. K. In the American Southwest, the energy problem is water. *IEEE Spectrum*, May 28, 2010. Disponível em: <http://spectrum.ieee.org/energy/environment/in-the-american-southwest-the-energy-problem-is-water/1>.

BARLOW, M.; CLARKE, T. *Blue gold*: the fight to stop the corporate theft of the world's water. New York: The New Press, 2005.

BECHTEL. *Bechtel perspective on the Aguas del Tunari water concession in Cochabamba, Bolivia*. [S.l.], Mar. 16, 2005. Disponível em: <www.bechtel.com/2005-03-16_38.html>.

BRIGGS, M. K.; CORNELIUS, S. Opportunities for ecological improvement along the Lower Colorado river and delta. *Wetlands*, v. 18, p. 513-529, 1998.

BURKE, T. *Murray-Darling basin plan*. Dec. 6, 2012. Disponível em: <www.youtube.com/watch?v=Wumfo3AJ57c>. Vídeo postado pelo ministro de Sustentabilidade, Meio Ambiente, Água, População e Comunidades.

CAWTHORNE, A.; KIMBALL, J. Valentine's day roses bloom amid Kenyan poverty. *Reuters Planet Ark*, Feb. 13, 2006. Disponível em: <www.planetark.com/dailynewsstory.cfm/newsid/35048/story.htm>.

COCA-COLA COMPANY. *The water stewardship and replenish report 2012*. [S.l.], 2012. Disponível em: <http://assets.coca-colacompany.com/8d/d8/8f1cc9e3464e8b152f97aa91857b/TCCC_WSRR_2012_FINAL.pdf>.

COMMITTEE ON THE ASSESSMENT OF WATER REUSE AS AN APPROACH TO MEETING FUTURE WATER SUPPLY NEEDS; WATER SCIENCE AND TECHNOLOGY BOARD; DIVISION ON EARTH AND LIFE STUDIES; NATIONAL RESEARCH COUNCIL. *Water reuse*: potential for expanding the nation's water supply through reuse of municipal wastewater. Washington, D.C.: National Academies Press, 2012.

CONNELL, D. *Water politics in the Murray-Darling basin*. Annandale: Federation Press, 2007.

CONSERVATION GATEWAY. *Examples of the impacts of water shortages*. [S.l.], Apr. 29, 2013. Disponível em: <www.conservationgateway.org/Files/Pages/examples--economic-impacts.aspx>.

CRAWFORD, S. *Mayordomo*: chronicle of an acequia in Northern New Mexico. Albuquerque: University of New Mexico Press, 1988.

CSIRO - COMMONWEALTH SCIENTIFIC AND INDUSTRIAL RESEARCH ORGANISATION OF AUSTRALIA. *Water availability in the Murray-Darling basin*. Canberra, 2008.

DAVIES, P.; HARRIS, J.; HILLMAN, T.; WALKER, K. *Sustainable rivers audit*: a report on the ecological health of rivers in the Murray-Darling basin, 2004-2007. Canberra: Murray-Darling Basin Commission, 2008.

DICTAAN-BANG-OA, E. P. Traditional water management practices of the Kankanaey. *Cultural Survival Quarterly*, 29.4, 2005. Disponível em: <www.culturalsurvival.org/publications/cultural-survival-quarterly/philippines/traditional-water-management-practices-kankanaey>. Acesso em: 5 dez. 2013.

EPRI - ELECTRIC POWER RESEARCH INSTITUTE. *Evaluating thermoelectric, agricultural, and municipal water consumption in a national water resources framework*. Palo Alto, 2013.

EXPERTS: water diversion from Bohai to Xinjiang unfeasible. *People's Daily Online*, Nov. 17, 2010. Disponível em: <http://english.peopledaily.com.cn/90001/90776/90882/7201757.html>.

FAMIGLIETTI, J. *Global water mass*: GRACE satellite monthly data 2002-11. [S.l.: s.n.], 2011. Disponível em: <www.visualizing.org/datasets/global-water-mass--grace-satellite-monthly-data-2002-11>. Acesso em: 28 set. 2013.

FINNEGAN, W. Leasing the rain. *The New Yorker*, April 8, 2002.

FOOD & WATER WATCH AND COUNCIL OF CANADIANS. *Lake Naivasha*: withering under the assault of international flower vendors. Washington, D.C., 2008.

FORERO, J. who will bring water to Bolivia's poor? *New York Times*, Dec. 15, 2005.

FOX, R. *Imarisha Naivasha*: a public sector-private sector-people participatory approach to resource management. Apresentação para a Finlay's Horticulture Ltd., Quênia. [s.d.].

FRADKIN, P. *A river no more*. Berkeley: University of California Press, 1996.

FRIEDMAN, T. L. Without water, revolution. *New York Times*, May 18, 2013.

GLEESON, T.; WADA, Y.; BIERKENS, M. F. P.; VAN BEEK, L. P. H. Water balance of global aquifers revealed by groundwater footprint. *Nature*, v. 488, p. 197-200, 2012.

GLEICK, P. H. Basic water requirements for human activities: meeting basic needs. *Water International*, v. 21, p. 83-92, 1996.

GREEN, D.; BILLY, J.; TAPIM, A. Indigenous Australians' knowledge of weather and climate. *Climate Change*, v. 100, p. 337-354, 2010.

GRFA - GLOBAL RENEWABLE FUELS ALLIANCE. *62 countries now have biofuels friendly policies - GRFA online interactive map shows growth of global biofuels policies*. [S.l.], Aug. 22, 2013. Disponível em: <http://globalrfa.org/news-media/62--countries-now-have-biofuels-friendly-policies-grfa-online-interactive-map--shows-growth-of-global-biofuels-policies>.

GUTENTAG, E. D.; HEIMES, F. J.; KROTHE, N. C.; LUCKEY, R. R.; WEEKS, J. B. *Geohydrology of the High Plains aquifer in parts of Colorado, Kansas, Nebraska, New Mexico, Oklahoma, South Dakota, Texas, and Wyoming*. Washington, D.C.: U. S. Geological Survey, 1984.

HOEKSTRA, A. Y.; MEKONNEN, M. M. *Global water scarcity*: the monthly blue water footprint compared to blue water availability for the world's major river basins. Delft: Unesco-IHE Institute for Water Education, 2011.

HOEKSTRA, A. Y.; MEKONNEN, M. M.; CHAPAGAIN, A. K.; MATHEWS, R. E.; RICHTER, B. D. Global monthly water scarcity: blue water footprints versus blue water availability. *PLoS ONE*, v. 7, 2012. Disponível em: <www.plosone.org/article/info%3Adoi%2F10.1371%2Fjournal.pone.0032688>.

KENNY, J. F.; BARBER, N. L.; HUTSON, S. S.; LINSEY, K. S.; LOVELACE, J. K.; MAUPIN, M. A. *Estimated use of water in the United States in 2005*. Reston: U. S. Geological Survey, 2009.

KENYA WATER RESOURCES MANAGEMENT AUTHORITY. *Water Allocation Plan - Naivasha Basin 2010-2012*. Nairobi: Water Resources Management Agency, 2010.

KIRBY, M.; CONNOR, J.; BARK, R.; QURESHI, E.; KEYWORTH, S. The economic impact of water reductions during the millennium drought in the Murray-Darling basin. In: CONFERÊNCIA ANUAL DA AUSTRALIAN AGRICULTURAL & RESOURCE ECONOMICS SOCIETY, 56., 7 a 10 fev. 2012, Austrália. Disponível em: <http://ageconsearch.umn.edu/bitstream/124490/2/2012AC%20Kirby%20CP%20of%20Poster2.pdf>.

KONIKOW, L. F. *Groundwater depletion in the United States (1900-2008)*. Washington, D.C.: U. S. Geological Survey, 2013. Disponível apenas na internet em: <http://pubs.usgs.gov/sir/2013/5079/>.

LEE, E. Saudi Arabia and desalination. *Harvard International Review*, Dec. 23, 2010. Disponível em: <http://hir.harvard.edu/pressing-change/saudi-arabia-and-desalination-0>.

LE QUESNE, T.; PEGRAM, G.; VON DER HEYDEN, C. *Allocating scarce water*: a WWF primer on water allocation, water rights and water markets. London: WWF, 2007.

MAXWELL, S. Growing awareness, growing risks. In: *2013 water market review*. Boulder: TechKNOWLEDGEy Strategic Group, 2013.

McCOOL, D. *River republic*. New York: Columbia University Press, 2012.

McGUIRE, V. L. *Changes in water level and storage in the High Plains aquifer, predevelopment to 2009*. Denver: U. S. Geological Survey, 2011.

McGUIRE, V. L. *Water-level and storage changes in the High Plains aquifer, predevelopment to 2011 and 2009-11*. Washington, D.C.: U. S. Geological Survey, 2013.

MEIJERINK, S.; HUITEMA, D. Policy entrepreneurs and change strategies: lessons from sixteen case studies of water transitions around the globe. *Ecology and Society*, v. 15, 2010. Disponível em: <www.ecologyandsociety.org/vol15/iss2/art21/>.

MEKONNEN, M. M.; HOEKSTRA, A. Y. *National water footprint accounts*: the green, blue and grey water footprint of production and consumption. Delft: Unesco-IHE Institute for Water Education, 2011.

MOLDEN, D. (Ed.). *Water for food, water for life*. London: Earthscan; Colombo: International Water Management Institute, 2007.

MOREHOUSE, B.; FRISVOLD, G.; BARK-HODGINS, R. How can tourism research benefit from multi-disciplinary assessments of climate change? Lessons from the U. S. Southwest. In: MATZARAKIS, A.; FREITAS, C.; SCOTT, D. (Org.). *Developments in tourism climatology*. Freiburg: International Society of Biometeorology, 2007. p. 274-281.

MURRAY-DARLING BASIN AUTHORITY. *The cap brochure*. [s.d.]. Disponível em: <www.mdba.gov.au/what-we-do/managing-rivers/the-cap>.

MURRAY-DARLING BASIN AUTHORITY. *Guide to the proposed basin plan*. Canberra, 2010.

MURRAY-DARLING BASIN AUTHORITY. *The living Murray story*: one of Australia's largest river restoration projects. Canberra, 2011.

MURRAY-DARLING BASIN MINISTERIAL COUNCIL. *An audit of water use in the Murray-Darling basin*. Canberra, 1995.

NEW SOUTH WALES OFFICE OF WATER. *Water reform in the NSW Murray-Darling basin*: summary of regional water reform and environmental water recovery in NSW 1996-2011. Sydney, 2011.

POSTEL, S. The Colorado river delta blues. *Los Angeles Times*, Los Angeles, Mar. 25, 2012. Disponível em: <http://articles.latimes.com/2012/mar/25/opinion/la-oe--postel-colorado-river-delta-20120325>. Acesso em: 5 dez. 2013.

POSTEL, S.; RICHTER, B. *Rivers for life*: managing water for people and nature. Washington, D.C.: Island Press, 2003.

POTTER, N. J.; CHIEW, F. H. S.; FROST, A. J.; SRIKANTHAN, R.; McMAHON, T. A.; PEEL, M. C.; AUSTIN, J. M. *Characterisation of recent rainfall and runoff in the Murray-Darling basin*: a report to the Australian government from the CSIRO Murray-Darling basin sustainable yields project. Canberra: CSIRO, 2008.

PRICE, A. Farmers battle state environmental agency in Brazos river basin dispute. *Austin American-Statesman*, Dec. 26, 2012. Disponível em: <www.statesman.com/news/news/state-regional/farmers-battle-state-environmental-agency--in-brazo/nTf9w/>. Acesso em: 28 set. 2013.

REISNER, M. *Cadillac desert*: the American west and its disappearing water. New York: Penguin, 1993.

REPÚBLICA DO QUÊNIA. *Water allocation plan - lake Naivasha 2010-2012*. Nairobi: Water Resources Management Agency, 2010.

RICHTER, B. D.; POSTEL, S.; REVENGA, C.; SCUDDER, T.; LEHNER, B.; CHURCHILL, A.; CHOW, M. Lost in development's shadow: the downstream human consequences of dams. *Water Alternatives*, v. 3, p. 14-42, 2010.

RICHTER, B. D.; DAVIS, M.; APSE, C.; KONRAD, C. A presumptive standard for environmental flow protection. *River Research and Applications*, v. 28, p. 1312-1321, 2012.

RICHTER, B. D.; ABELL, D.; BACHA, E.; BRAUMAN, K.; CALOS, S.; COHN, A.; DISLA, C.; O'BRIEN, S. F.; HODGES, D.; KAISER, S.; LOUGHRAN, M.; MESTRE, C.; REARDON, M.; SIEGFRIED, E. Tapped out: growing cities in search of the next oasis. *Water Policy*, v. 15, p. 335-363, 2013.

ROACH, K. A. Texas water wars: how politics and scientific uncertainty influence environmental flow decision-making in the Lone Star State. *Biodiversity Conservation*, v. 22, p. 545-565, 2013.

SALMAN, S. M. A.; BRADLOW, D. D. *Regulatory frameworks for water resources management*: a comparative study. Washington, D.C.: The World Bank, 2006.

SCHAIBLE, G. D.; AILLERY, M. P. *Water conservation in irrigated agriculture*. Washington, D.C.: U. S. Department of Agriculture, 2012.

SERVICE, R. F. Another biofuels drawback: the demand for irrigation. *Science*, v. 23, p. 516-517, 2009.

SHIKLOMANOV, I. A. Appraisal and assessment of world water resources. *Water International*, v. 25, p. 11-32, 2000.

SIWI. *World leader in irrigation technology wins 2013 Stockholm Industry Water Award*. [S.l.], 2013. Disponível em: <www.siwi.org/prizes/stockholm-industry-water-award/winners/2013-2/>.

SMITH, L. Why fruit shopping poisons the hippo. *The Times*, Mar. 28, 2006. Disponível em: <www.thetimes.co.uk/tto/news/world/article1970065.ece>.

SOLAR-powered desalination plant in Saudi to be completed by end of this year. *Arabianindustry*, Aug. 26, 2013. Disponível em: <http://arabianindustry.com/construction /news/2013/aug/26/solar-powered-desalination-plant-in-saudi--to-be-completed-by -end-of-this-year-4423276/>.

SOLLEY, W. B.; PIERCE, R. R.; PERLMAN, H. A. *Estimated use of water in the United States in 1995*. Washington, D.C.: U. S. Geological Survey, 1998.

THE WORLD BANK; STATE ENVIRONMENTAL PROTECTION ADMINISTRATION OF CHINA. *Cost of pollution in China*: economic estimates of physical damages. Washington, D.C.: The World Bank, 2007.

UNITED NATIONS CEO WATER MANDATE. *Guide to water-related collective action*. New York: United Nations, 2012.

USBR - UNITED STATES BUREAU OF RECLAMATION. *Colorado river basin water supply and demand study*. Denver, 2012.

USEPA - U. S. ENVIRONMENTAL PROTECTION AGENCY. *Water smart landscapes*. Washington, D.C., 2013a.

USEPA - U. S. ENVIRONMENTAL PROTECTION AGENCY. *EPA survey shows $384 billion needed for drinking water infrastructure by 2030*. June 4, 2013b. Disponível em: <http://yosemite.epa.gov/opa/admpress.nsf/0/F72C2FDC7D61F92085257B 800057655F>. Acesso em: 28 set. 2013.

USGS - U. S. GEOLOGICAL SURVEY. *Trends in the size of the USGS streamgaging network*. [s.d.]. Disponível em: <http://water.usgs.gov/nsip/streamgaging_note.html>.

VAN KOPPEN, B.; GIORDANO, M.; BUTTERWORTH, J. (Org.). *Community-based water law and water resource management reform in developing countries*. Oxfordshire: CAB International, 2007.

VOROSMARTY, C. J.; SAHAGIAN, D. Anthropogenic disturbance of the terrestrial water cycle. *BioScience*, v. 50, p. 753-765, 2000.

WEF - WORLD ECONOMIC FORUM. *The bubble is close to bursting*: a forecast of the main economic and geopolitical water issues likely to arise in the world during the next two decades. Geneva, 2009.

WEF - WORLD ECONOMIC FORUM. *Water security*: the water-food-energy-climate nexus. Washington, D.C.: Island Press, 2011.

WEF - WORLD ECONOMIC FORUM. *Global risks 2012*. Geneva, 2012.

WONG, E. Plan for China's water crisis spurs concern. *New York Times*, June 1, 2011.

WORLD WATER COUNCIL. *World water vision*: making water everybody's business. [S.l.], 2013. Disponível em: <www.worldwatercouncil.org/index.php?id=961>.

YAO, J. Iraq's first national park: a story of destruction and restoration in the Mesopotamian marshlands. *Circle of Blue*, Set. 4, 2013. Disponível em: <www.circleofblue.org/waternews/2013/world/iraqs-first-national-park-a-story-of--destruction-and-restoration-in-the-mesopotamian-marshlands/>.

índice remissivo

Números de página seguidos por f, q e t indicam figuras, quadros e tabelas, respectivamente.

A

ação coletiva 94
acéquias, cultura de 109
Acordo das Águas do Rio Murray (Austrália) 142
adutora do rio Colorado 28
África do Sul 40q, 69, 88, 98, 103, 104, 114, 135
Agência
    da bacia Murray-Darling (Austrália) 152, 154
    de Manejo de Captação do rio Murray (Austrália) 154
    Nacional de Manejo de Recursos Hídricos (Quênia) 131
Agências de Manejo de Captação (Catchment Management Authorities, CMA) 154
agricultura. *Ver também* irrigação
    conservação e 72, 73
    mercado de água e 112
    na bacia do rio Colorado 52, 53, 53f, 73
    na bacia Murray-Darling 142f, 143, 145
    no aquífero de Ogallala 56
    subsídios e 113
    uso consuntivo de água na 48, 49t, 50, 53, 162
água
    do mar 41, 60, 61, 62, 102. *Ver* dessalinização
    virtual 66

água de chuva, coleta de 68, 74t
Água para o Futuro, iniciativa (Austrália) 152
Aita, Samir 77
Allan, Tony 66
alocação
    abordagens da 82
    bacia Murray-Darling e 154
    lago Naivasha e 131
    monitoramento e imposição e 96q, 106, 125, 135
    papel dos governos na 79
    razões do fracasso das regras atuais de 83
    variação com o nível de aridez 108
alto Ganges, aquífero (Ásia), como ponto de escassez hídrica 40q
Amarelo, rio (China) 39, 40q, 56
Annan, Kofi 34
apropriação prévia, direito à água por 102, 103, 143
aquedutos romanos 65
aquíferos
    armazenamento e recuperação de 68
    de Ogallala, balanço hídrico do 54, 55f
    desgaste de 58, 60, 81, 101
    direitos de uso de 80, 82, 83, 84, 87, 96, 102, 106, 107, 111, 114, 118, 127, 128, 131, 135, 138, 142, 143, 146, 148, 156, 157, 159, 164
    limiares ecológicos de 99
    reúso e 64

salinização de 144
uso em dessalinização 61, 74t
visão geral de 46f
árabes do pântano 35
Arábia Saudita 39, 40, 62
arcabouço da gestão hídrica
    alocar, monitorar e impor 96q
    aprender e ajustar-se 96q
    construir uma visão compartilhada do futuro 96q
    investir em conservação 96q
    limitar o uso consuntivo total 96q
    permitir o comércio de direitos de uso de água 96q
    subsidiar reduções de consumo, se necessário 96q
    visão geral do 96q
armazenamento de água 67, 68f. Ver também aquíferos
    rio Colorado e 74t
Armeria, rio (México), como ponto de escassez hídrica 40
aspersão, irrigação por 72
Associação de Rizicultores da Austrália 147
associações locais de usuários de recursos hídricos (WRUAs) 130
Auditoria de Rios Sustentáveis de 2007 (Austrália) 150
Austrália 32, 39, 40, 62, 69, 104, 112, 114, 137, 138, 139, 141, 142, 143, 146, 147, 149, 150, 152, 159. Ver também Murray-Darling, bacia (Austrália)
avaliação de vazão ambiental 99, 100

B

Bacarra-Vintar, rio (Filipinas) 119
bacia de origem, proteções da 66
bacias hidrográficas, visão geral de 45f
baixo Indo, aquífero (Ásia), como ponto de escassez hídrica 40q
balanço hídrico
    cálculo de 48
    da bacia Murray-Darling 143t
    desequilíbrio do 57, 58
    do aquífero de Ogallala 54, 55f, 56, 57
    do rio Colorado 53, 53f, 54
    reúso e 64, 65f
    terminologia do 46
Banco de Dados de Disputas de Água Doce Transfronteiriça 40
Baumgartner, Lee 155
Bechtel Corporation 118
Benton, Roberto 88
Besao, povo de (Filipinas) 83
biocombustíveis 87
Bohai, mar de (China) 109
Bolívia 117
boom-and-bust ecology. Ver prosperidade e devastação, ecologia de
Boutros-Ghali, Boutros 34
Brauman, Kate 36
Brazos, rio (Estados Unidos) 37, 38, 39f, 124
    como ponto de escassez hídrica 40q
Britton, Carolyn 123
Burke, Tony 32

C

Califórnia 27, 28, 30, 31, 32, 33, 34, 52, 56, 59, 65, 71, 72, 74t
canais e adutoras
    desvios de água para Los Angeles 67
    projeto de ligação de rios (Índia) 67
    Projeto de Transferência Hídrica Sul--Norte (China) 60, 67
    propostos do rio Missouri a Denver 59
    propostos no NAWAPA 59, 60

uso na importação de água 59, 66, 67, 88, 101, 123

Carrillo, Yamillet 163

Carta dos Grandes Lagos, anexo da (América do Norte) 66

Cash for grass. Ver Grana por grama

Catchment Management Authorities, CMA. Ver Agências de Manejo de Captação

Cauvery, rio (Índia) 35, 36, 44
    como ponto de escassez hídrica 40q

Central Valley, aquífero do (Estados Unidos), como ponto de escassez hídrica 40q

Centro de Pesca de Narrandera. Ver Narrandera, Centro de Pesca

CEO Water Mandate, programa. Ver Nações Unidas

Chao Phraya (Tailândia) como ponto de escassez hídrica 40q

China
    aquíferos da planície da China setentrional como ponto de escassez hídrica 40q, 56
    esgotamento do lençol freático na 81
    falta de coordenação na 87
    impacto econômico da poluição e na escassez hídrica na 41
    Projeto de Transferência Hídrica Sul--Norte e 60, 67
    recuperação ecológica na 164
    rio Amarelo e 39, 40q, 56
    rio Tarim e 39, 40q, 108, 164
    rio Yang-tsé e 36, 67
    rio Yong-ding como ponto de escassez hídrica 40q

Chira, rio (América do Sul), como ponto de escassez hídrica 40q

choupo (*Populus euphratica*) 164, 165

ciclo global da água 42, 43

cobrança de água 72

Coca-Cola Company, programa Replenish 165

Cochabamba, Bolívia 117, 118, 119

Colorado, rio (Estados Unidos)
    balanço hídrico do 53, 53f
    como ponto de escassez hídrica 40q
    Delta Water Trust e 163
    discordância sobre direitos à água e 164
    Lei do Rio e 28
    mapa do 29f
    no Texas, como ponto de escassez hídrica 40q
    possíveis estratégias para o 73, 74t
    San Diego e 33, 72

Colorado River Basin Water Supply and Demand Study. Ver estudo de oferta e demanda da água da bacia do rio Colorado

Colorado River Delta Water Trust 163

Conallin, John 138, 139, 150, 154, 155, 156, 159

Concepción, rio de la (México), como ponto de escassez hídrica 40q

Connell, Daniel 139, 144

conservação de água
    como princípio de sustentabilidade 96, 125, 135, 159
    importância no Plano Hídrico Estadual do Texas 123, 124, 128
    investir em 96q, 110
    mercado de água e 134
    na agricultura 75, 75t
    na bacia Murray-Darling 149
    no Projeto Água das Montanhas do Lesoto 88
    potencial de 96, 124
    Quênia e 134
    rio Colorado e 73, 74t
    visão geral da 70

Convenção
    sobre Diversidade Biológica 152
    sobre Zonas Úmidas de Importância Internacional 152
coordenação
    falta de 86
    necessidade de 93
Corpo de Engenharia (Estados Unidos) 165
corrupção 61, 87, 88
Crawford, Stanley 109, 169
cucapá, tribo (México) 31
custo
    capacidade financeira insuficiente e 83
    da conservação de água 70, 71, 73
    da dessalinização 62
    da importação de água 67
    do armazenamento de água 67, 74
    do reúso de água 63

D

Darling, rio (Austrália). *Ver* Murray--Darling, bacia
Dartmouth, reservatório (Austrália) 150
Davey, Perin 147, 151, 152, 154, 155, 160
decisões, grupos de interesses e 78
delta do Nilo, aquífero do, como ponto de escassez hídrica 40*q*
Delta Water Trust (rio Colorado) 164
demanda hídrica, redução da 61
Deng, Xiaoya 164, 165
Deniliquin (Austrália) 139, 140, 155
Departamento de Desenvolvimento das Montanhas do Lesoto 87
desgaste. *Ver* uso consuntivo
dessalinização
    Arábia Saudita e 60, 62
    potencial da 162
    rio Colorado e 73, 74*t*
    Texas e 128
    uso de água salobra subterrânea na 61, 62, 74*t*
    visão geral da 61
destilação. *Ver* dessalinização
desvios 53, 53*f*. *Ver também* importação de água, canais e adutoras
dinheiro
    falta de 83, 85
    lago Naivasha e 133, 134
    necessidade de financiamento estável e adequado e 92
    para conservação de água 96*q*
direito à água 84, 106, 114
    apropriação prévia de 102
    como direito humano básico 85
    direito ripariano e 83
    mercado de 111, 164
    na bacia do rio Brazos 38
    na bacia do rio Colorado 38
direitos de uso de água. *Ver também* direito à água
    alta estabilidade 104
    baixa estabilidade 107
    mercado de 96*q*, 111
    recompra de água e 148
    variação de acordo com o nível de aridez 105*f*
    visão geral dos 83, 84*q*
direitos humanos 82
Diretoria de Desenvolvimento Hídrico (Texas) 121, 122, 123
Distrito
    de Irrigação Imperial (Estados Unidos) 72
    Hídrico de Irvine Ranch (Estados Unidos) 71
Doring, rio (África do Sul), como ponto de escassez hídrica 40*q*
Dow Chemical 37

E

ecossistema, saúde do 33, 44, 66

Edwards, aquífero (Estados Unidos) 112

eficiência
   aumento da 109, 112, 113, 146, 162. Ver também conservação de água, irrigação
   bacia Murray-Darling e 147, 148, 157

Eildon, reservatório (Austrália) 150

eletricidade. Ver também hidrelétricas
   custo no aquífero de Ogallala 55
   de hidrelétricas 30
   dessalinização e 62
   em balanços hídricos nacionais e globais 49t
   impacto da falta de água e 30, 41
   importação e 65
   vazão de retorno depois da geração de 48
   visão geral da 48

empresas 47, 63, 71, 78, 79, 80, 87, 88, 89, 90, 98, 110, 111, 117, 118, 122, 130, 133, 135, 136, 147, 153, 163, 165, 166, 167. Ver também privatização

encanamentos, vazamento em 70

Endangered Species Act (ESA). Ver Lei de Espécies Ameaçadas (LEA)

energia solar 62

Environmental Defense Fund 164

equidade social 98
   na governança hídrica 91f

escritório de gestão da bacia do rio Tarim, em Xinjiang (China) 108

esgotamento hídrico, índice de 37

Espanha 63, 100, 109, 118

especialização, falta de 85

espécies vegetais exóticas 69

estações de monitoramento, fechamento de 84

estudo de oferta e demanda de água da bacia do rio Colorado 59, 73

eucalipto 69, 144, 150, 151

Eufrates, rio (Oriente Médio) 35

evaporação
   como perda consuntiva 48, 49, 53f
   irrigação e 48
   reservatórios e 53, 67, 68

exportação de água 53, 54, 66. Ver também importação; canais e adutoras

F

Faixa de Gaza (Oriente Médio) 81

Filipinas 83, 119

financiamento
   da conservação hídrica 96, 109, 110
   falta de 132
   lago Naivasha e 133
   necessidade de que seja adequado e estável 91

Finlay's Horticulture 130, 134

Flórida (Estados Unidos), financiamento para gestão hídrica 92

Flörke, Martina 36

Fox, Richard 130, 132, 133, 134

Fradkin, Phillip 28

Friedman, Thomas 77

Fuerte, rio (México), como ponto de escassez hídrica 40q

G

Ganges, rio (Ásia), como ponto de escassez hídrica 40q

gestão
   de bacias hidrográficas 69, 74t
   participativa da irrigação 85

Gleick, Peter 97

Global Corruption Report 2008 (Lewis e Benton) 88

Godavari, rio (Índia), como ponto de escassez hídrica 40q

golfo da Califórnia (México) 30, 31, 32, 52, 74

gotejamento, irrigação por 48, 72, 165

governança
    diretrizes para o envolvimento de empresas 166
    envolvimento privado no Quênia 129
    envolvimento privado no Texas 124, 127
    falhas de 77, 78, 79, 120
    importância nos mercados hídricos 111, 113
    inclusividade na 79, 91f, 92
    modos de aprimorar 94
    papel de cidadãos e comunidades na 120
    sistemas de governança hídricas do 79, 89, 91f

governo
    abordagens diferentes da alocação 82, 83
    bacia Murray-Darling e 151, 152
    papel do 79, 80, 81
    razões do fracasso de políticas hídricas do 97
    recompra de água e 148

Goyder, George W. 139, 140

gramados 64, 71

Grana por grama (*cash for grass*), programa (Las Vegas) 71

Grande Lago Salgado (Estados Unidos) como ponto de escassez hídrica 40

Grande Vale do Rift (África) 130

Grupo
    de Planejamento Hídrico Regional do Centro-Sul do Texas 126
    de Produtores do Lago Naivasha 130, 131
    grupos de planejamento regional do Texas 127

Guadalupe, rio (Estados Unidos) 125, 126, 127, 128, 129

Guadiana, rio (Espanha) 100

Guerra dos Seis Dias (Oriente Médio) 35

Guide to the Proposed Basin Plan (bacia Murray-Darling) 153, 154

H

Hama, Omar Abdalla 95, 96

Hardin, Garrett 80, 81

Harper, David 130

Harwood, Mary 151, 154

Hinojosa, Osvel 163, 164

Hoekstra, Arjen 66

Hoover, represa (Estados Unidos) 28, 29f, 30

Huasco, rio (Chile), como ponto de escassez hídrica 40q

Hume, reservatório (Austrália) 150

Hussein, Saddam 35

I

Ickes, Harold 28

Iêmen 86

Imarisha, projeto (Quênia) 133

impacto econômico 100, 157. *Ver também* Seca do Milênio, custo da

importação de água 59, 65, 66, 74t, 162. *Ver também* canais e adutoras

imposição
    alocação e 96, 108, 109
    falta de 86

Índia
    gestão participativa da irrigação na 85
    política do banco de votos e 89
    projeto de ligação de rios na 67
    subsídios e 86
    uso de água subterrânea na 81
Indo, rio (Ásia) 115
    como ponto de escassez hídrica 40q
infraestrutura
    deterioração da 85
    impacto da falta de água sobre a 41
infraestrutura natural
    impacto da falta de água sobre a 40
infraestrutura verde, impacto da falta de água sobre a 41
inundação, irrigação por 48
Iraque 35
irrigação
    aquífero de Ogallala e 54, 56
    bacia Murray-Darling e 149
    biocombustíveis e 87
    como uso consuntivo de água 72
    conservação na 71, 72
    gestão participativa da 85
    Netafim e 166
    no balanço hídrico nacional e global 49t
    por aspersão 72
    por gotejamento 48, 72, 165
    por inundação 48
    privatização da 147, 149
    subsídios e 113
    vazão de retorno na 48
Israel 35, 40, 62, 63

J
Jefferson, Thomas 89, 92
Jones, Howard 157, 158f
Jordão, rio (Oriente Médio) 35, 44
Joy, K. J. 89

K
Karnataka, Índia 35, 36
Khalil, Abu 77
Khat 86
Ki-moon, Ban 34, 35
Krishna Raja Sagar, represa (Índia) 35
Krishna, rio (Índia), como ponto de escassez hídrica 40q

L
lagos 32, 33, 37, 43, 44, 47, 57, 58, 62, 65, 70, 81, 99, 103, 106, 143, 145
Las Vegas, Nevada (Estados Unidos) 71, 72
LEA. Ver também Lei de Espécies Ameaçadas (LEA)
Lei
    da Água de 2007 (Austrália) 152
    de Espécies Ameaçadas (LEA) 125, 126
    Nacional da Água (Quênia) 130
leis comunitárias 82, 83
Leitman, Steve 69
lençol freático, visão geral do 46f. Ver também aquíferos
Leslie, Dave 154, 159
Lewis, Kristen 88
limites sustentáveis de desvio 153
Loa, rio (Chile), como ponto de escassez hídrica 40q
localismo 159
Loeffler, Cindy 121
Los Angeles, rio (Estados Unidos) 56, 66

M
Mace, Robert 122, 123
Mahi, rio (Índia), como ponto de escassez hídrica 40q
Mandela, Nelson 135

Mar de Aral (Ásia) 58
    como ponto de escassez hídrica 40q
Mar Morto (Oriente Médio) 35, 58
    como ponto de escassez hídrica 40q
McCool, Dan 88
Mead, lago (Estados Unidos) 30, 56
mercado de água 80, 82, 83. *Ver também* direitos de uso de água
    benefícios na bacia Murray-Darling 112, 158
    potencial de uso na bacia do lago Naivasha 134
    potencial de uso no Texas 128
    redução do uso consuntivo e 113
    vantagens para a agricultura 158
Mesopotâmia, pântanos (Oriente Médio) 35
México
    rio Colorado e 30
    rio Santiago e 67, 68f
Mims, Con 127, 128, 129
Moeur, Benjamin B. 27, 28, 31
monitoramento 36, 84, 85, 86, 87, 92, 106, 132, 156
Mono, lago (Estados Unidos) 56, 66
mudança climática 73, 74t
    biocombustíveis e 87
    dessalinização e 62
    impactos sobre balanços hídricos 143t
    na bacia do rio Colorado 73
    no planejamento hídrico 30, 57
Murray-Darling, bacia (Austrália)
    abordagem de teto flexível na 104, 105f, 107
    aumento da eficiência na 146
    aumento da irrigação na 142f, 143t, 153
    como ponto de escassez hídrica 39, 40q
    eflorescência de algas na 145
    envolvimento comunitário, inclusão do público e 154, 155
    Lei da Água de 2007 e 152
    lições da 155, 156, 157
    limitação do consumo na 153
    mercado de água na 112
    Plano da Bacia 156, 158
    pressão sobre a 146
    recompra de água e 148, 149, 152, 153
    regras de alocação na 142, 143, 144
    seca na 137, 138, 138f, 139, 148, 150, 151
    variabilidade do clima na 139
Murray Irrigation Ltd. (Austrália) 147, 151
Murray Vivo (Living Murray Initiative) (Austrália) 148, 149

N

Nações Unidas, programa CEO Water Mandate 166
Naivasha, lago (Quênia)
    Grupo de Produtores do 130, 131
    investimento privado na governança do 129, 130, 131, 132, 133, 134
    plano de alocação de água 131, 134
    produção de flores no 129
nakinbaey 83
Narmada, rio (Índia), como ponto de escassez hídrica 40q
Narrandera, Centro de Pesca (Austrália) 155
Nature Conservancy, The 34, 95, 164, 165
NAWAPA. *Ver* North American Water and Power Alliance
Netafim 165, 166
NEWater 63
norte da Arábia, aquífero do (Arábia Saudita) 39
    como ponto de escassez hídrica 40q
North American Water and Power Alliance (NAWAPA) 59

O

oeste do México, aquífero do, como ponto de escassez hídrica 40*q*

oferta de água, definição 46, 47, 53*f*
    versus redução da demanda 62

Ogallala, aquífero (Estados Unidos)
    balanço hídrico do 55*f*
    como ponto de escassez hídrica 39, 40*q*

Oloo, Isaac Oumo 130

Orr, Stuart 133

osmose reversa. *Ver* dessalinização

Ostrom, Elinor 119, 120

Owens, rio (Estados Unidos) 66

P

Pacto
    do Rio Colorado 28, 30, 31
    Internacional sobre Direitos Econômicos, Sociais e Culturais 82

Parker, represa (Estados Unidos) 28, 29*f*, 35

Parsons Corporation 59

pegada hídrica 66

Penner, rio (Índia), como ponto de escassez hídrica 40*q*

persa, aquífero, como ponto de escassez hídrica 40*q*

Pittock, Jamie 158

planejamento
    envolvimento dos cidadãos no 89, 90, 92, 122, 123, 124
    importância do 58, 62, 95
    Texas e 124

Plano da Bacia Murray-Darling 158

planos
    de cobrança 72
    hídricos estaduais do Texas 121, 122

política do banco de votos 89

poluição
    prejuízos causados pela 41
    reações políticas à 114, 130

Postel, Sandra 31, 33, 41

precipitação 47*f*
    captação pela vegetação 52
    mudança climática e 57, 74*t*
    na bacia do rio Colorado 52, 73
    na bacia Murray-Darling 139, 149, 150
    no aquífero de Ogallala 54
    variabilidade da 137

Prêmio Industrial da Água de Estocolmo 165, 166

princípios de sustentabilidade
    alocar, monitorar e impor 96*q*, 106, 125, 135, 159
    aprender e ajustar-se 96*q*, 113, 125, 135, 159
    bacia Murray-Darling e 159
    construir uma visão compartilhada do futuro 96, 97, 123, 125, 135, 159
    investir em conservação 96*q*, 109, 125, 135, 159
    lago Naivasha e 133, 135*q*
    limitar o uso consuntivo total 96*q*, 101, 125, 135, 159
    permitir o comércio de direitos de uso de água 96*q*, 111, 125, 135, 159
    subsidiar reduções de consumo, se necessário 96, 113, 125, 135, 159
    Texas e 124, 125*q*
    visão geral dos 96*q*

privatização 147, 149

produtividade da água 157

Projeto
    Central do Arizona (Central Arizona Project) (Estados Unidos) 65
    de Lei nº 1 do Senado do Texas (1997) 122

de Lei nº 3 do Senado do Texas 129
de ligação de rios (Índia) 67
de Transferência Hídrica Sul-Norte (China) 60, 67
Hídrico Estadual da Califórnia 34
Rios Sustentáveis (Estados Unidos) 165

Pronatura Noroeste 164

propriedade da água *versus* direito de uso 79, 80

prosperidade e devastação, ecologia de (*boom-and-bust ecology*), na Austrália 144

Q

Quênia 36, 58, 95, 129, 130, 131, 133, 135*q*

R

Ramsar, Convenção 130, 152

reciclagem. *Ver* reúso ou reciclagem de água

recompra de direitos de uso de água 148, 149, 153
    como princípio de sustentabilidade 96*q*, 113, 114

recursos do reservatório de bens comuns 119

represas. *Ver também* reservatórios
    armazenamento de água e 67, 68, 88
    corrupção e 88
    hidrelétricas e 30, 41
    impacto sobre rios e pessoas 96
    na bacia Murray-Darling 141, 142*f*
    problemas da idade das 84
    uso para recuperar a vazão ambiental 165

reservas de água 103

reservatórios. *Ver também* armazenamento de água, controvérsias sobre
    armazenamento de água e 68*f*, 105
    evaporação e 53*f*, 67, 68, 150
    no Texas 121

potencial de uso na bacia do Rio Colorado 74*t*
uso na bacia Murray-Darling 105, 142

restrições de uso de água 132, 132*q*

retirada de água
    definição 47*f*
    versus uso consuntivo 49, 49*t*, 51*f*
    visão geral de 47, 49

reúso ou reciclagem de água 61, 63, 64, 65*f*, 74*t*, 162

Rio Grande (América do Norte) como ponto de escassez hídrica 40*q*

Roma, Itália 64

S

Sacramento, rio (Estados Unidos), como ponto de escassez hídrica 40*q*, 56

salmoura de dessalinização 62, 163

San Antonio
    rio (Estados Unidos) 126, 127
    Texas, Estados Unidos 71, 125

San Diego, Califórnia, Estados Unidos 33, 34, 72

San Joaquin, rio (Estados Unidos), como ponto de escassez hídrica 40*q*

Santiago, rio (México) 67, 68*f*, 69
    como ponto de escassez hídrica 40*q*

seca
    bacia Murray-Darling e 137, 138, 139, 140*f*, 150, 151*f*
    evitar falta de água durante 56, 57
    rio Colorado e 27, 28, 30
    Síria e 77, 78
    Texas e 33, 41, 121, 122

Seca do Milênio (Austrália)
    custo da 149, 151, 151*f*, 153
    impacto da 157
    lições da 139
    visão geral da 137

Shebelle, rio (África), como ponto de escassez hídrica 40q
Síria 77, 78, 97
sociedade civil, governança e 91f
Sole, Masupha 87
Sonoran, Instituto 164
subsídios 87, 155
Superior, lago (América do Norte) 66
sustentabilidade, definição 97

T
Tablas de Daimiel, parque nacional (Espanha) 100
Tamil Nadu, Índia 35
Tana, rio (Quênia) 36, 95, 96, 97
Tapti, rio (Índia), como ponto de escassez hídrica 40q
Tarim, rio (China) 108, 109, 164, 165
    como ponto de escassez hídrica 40q
tecnologia 60, 63, 106, 109, 162, 166. Ver também dessalinização
temporais, captura de água de 68
teto flexível, sistema de 104, 105f, 106, 107
tetos
    de uso consuntivo total 101, 111, 112, 148
    na bacia Murray-Darling 149
    variáveis segundo o nível de aridez 104, 105f, 106, 107
Texas (Estados Unidos)
    aquífero Edwards e 112
    conservação e 123
    dessalinização e 128
    grupos de planejamento regional e 126, 127
    Lei de Espécies Ameaçadas e 126
    planejamento no 124, 127, 129

reequilíbrio dos rios Guadalupe e San Antonio e 127, 128, 129
rio Brazos e 37, 39f
rio San Antonio e 125
seca e 41, 121
The tragedy of the commons (Hardin) 80
Tibre, rio (Itália) 64
Tigre-Eufrates, bacia dos rios (Oriente Médio) 35
totoaba 31, 164
Trabalho em parceria (Ostrom) 119
transferência entre bacias 65, 74t. Ver também canais e adutoras
Turnbull, Malcolm 152

U
usinas elétricas. Ver eletricidade
uso conjunto 68
uso consuntivo
    definição 47
    estabelecimento de limites ao 96q, 101, 111, 112, 124, 125, 134, 135, 148, 159
    na bacia Murray-Darling 142f, 146, 149f
    no aquífero de Ogallala 54
    redução do 49, 53, 58, 72, 73, 101, 113, 153, 156, 162
    retiradas de água e 47f, 49, 50, 51f, 52, 70, 98
    reúso e 64
    visão geral do 47f, 48, 49f, 50
uso doméstico de água, visão geral do 48
uso industrial da água 91f
    governança e 90, 91f
    no balanço hídrico nacional e global 49t
    visão geral do 48
uso urbano de água *versus* uso rural 50

V

vazamentos 71

vazão de retorno
    agricultura 48, 49t
    definição 47, 47f
    geração de eletricidade 48, 49t
    uso doméstico de água e 48, 49t
    uso industrial de água e 48, 49t

vida selvagem
    bacia Murray-Darling e 144, 145, 156f
    Lei de Espécies Ameaçadas e 125, 126, 127
    Quênia e 130
    Texas e 126, 127

visão compartilhada 96, 97, 100, 101, 123, 125, 131, 135, 159

Visão mundial da água, relatório (Conselho Mundial da Água) 162

W

Warner, Andrew 165

Water Action Hub 167

WaterGAP, modelo 36, 37, 38f

Water politics in the Murray-Darling basin (Connell) 139

Wolf, Aaron 35, 40

Working for Water, programa (África do Sul) 70

World Wildlife Fund (WWF) 133

WRMA. *Ver* Agência Nacional de Manejo de Recursos Hídricos (Quênia)

WRUAs. *Ver* associações locais de usuários de recursos hídricos

WWF. *Ver* World Wildlife Fund

Z

zanjeras 119

Y

Yang-tsé, rio (China) 36, 57, 60, 67

sobre o autor

Brian Richter é um líder global em ciência e conservação fluviais há mais de 25 anos. É diretor de Estratégias Globais de Água Doce da entidade internacional de conservação The Nature Conservancy, em que promove o uso e a gestão sustentáveis de água junto a governos, empresas e comunidades. Brian assessorou mais de 120 projetos hídricos no mundo inteiro. É assessor hídrico das Nações Unidas e de grandes empresas e bancos de investimentos e em várias ocasiões deu depoimentos ao Congresso americano. Também é professor de Sustentabilidade Hídrica da Universidade de Virgínia. Brian desenvolveu numerosas ferramentas e métodos científicos para dar apoio ao esforço de proteção e restauração de rios, como o *software* Indicators of Hydrologic Alteration, usado por cientistas e administradores hídricos do mundo inteiro. Participou de um documentário da série *Horizon*, da BBC, com David Attenborough, intitulado *How many people can live on planet Earth?* (Quantas pessoas podem viver no planeta Terra?). Publicou muitos artigos científicos sobre a importância da gestão hídrica ecologicamente sustentável em revistas científicas internacionais e, com Sandra Postel, escreveu o livro *Rivers for life: managing water for people and nature* (Island Press, 2003).